KAISER MAXIMILIAN
UND DIE MEDIEN SEINER ZEIT

KAISER MAXIMILIAN
UND DIE MEDIEN SEINER ZEIT

Der Theuerdank von 1517

Eine kulturhistorische Einführung
von Stephan Füssel

TASCHEN

KÖLN LONDON LOS ANGELES MADRID PARIS TOKYO

Bernhard Strigel, **Maximilian I. im Kreise seiner Familie**, 1516
Öl auf Holz, 72,8 x 60,4 cm
Wien, Kunsthistorisches Museum

Seite 2:
Kaiser Maximilian I. als Souverän des Ordens vom Goldenen Vlies, um 1519
Statutenbuch des Ordens vom Goldenen Vlies, fol. 76v
Wien, Österreichische Nationalbibliothek, Cod. 2606

Inhalt

6
Maximilian I. – Herrscher und Kunstmäzen

12
Bücher und Riesenholzschnitte zum ewigen Gedächtnis

20
Flugblatt und Zeitung als Mittel des Herrschaftserhalts

24
Das Bild Maximilians im Spiegel der italienischen Humanisten

32
Kaiser Maximilian und die „Rettung der Christenheit"

36
Das Epos des „letzten Ritters" Theuerdank

42
Künstler und Redakteure des „Theuerdank"

48
Die Theuerdanktype und ihre Vorbilder

56
Komposition und Inhalt des „Theuerdank"

87
Bibliographie

Bernhard Strigel, **Kaiser Maximilian I. in goldenem Harnisch**, um 1500
Öl auf Lindenholz, 60,5 x 41 cm
Wien, Kunsthistorisches Museum

Maximilian I. – Herrscher und Kunstmäzen

Maximilian war der erste Herrscher der Neuzeit, der bewusst und zielgerichtet die neuen Möglichkeiten des Buchdrucks, aber auch die „alten" Medien der mündlichen Rede, der bildenden Kunst, des Volkslieds etc. zum eigenen Herrschaftserhalt und zur Vermehrung des Ansehens seines Hauses Habsburg einsetzte. Er war dabei getragen von der Sorge, dass sein Ruhm sonst „mit dem letzten Glockenton" verhallen könnte, wie er es in seinem deutschsprachigen Prosawerk *Weißkunig* prägnant formuliert hatte: „Wer sich in seinem Leben kein Gedächtnus schafft, der hat nach seinem Tod kein Gedächtnus und desselben Menschen wird mit dem Glockendon vergessen, und darumb so wird das Geld, so ich auf die Gedechtnus ausgib, nit verloren" (*Weißkunig*, Kap. 24).

Die Ära Maximilians feierten die Zeitgenossen daher als „Beginn einer neuen Weltzeit", der „Goldenen Zeit", in der die Künste und Wissenschaften blühen und das Reich, nach innen und außen gefestigt, Frieden findet. Maximilian öffnete unter anderem die Universität Wien den humanistischen Studien, er förderte die lateinische Poesie ebenso wie die nationale volkssprachige Literatur und imitierte die Renaissance-Kultur italienischer Fürstenhöfe. Er stand feudalhöfischen Traditionen ebenso aufgeschlossen gegenüber wie technischen, wissenschaftlichen und künstlerischen Neuerungen, dem Buchdruck, aber auch dem Geschützbau.

Maximilian wurde am 22. März 1459 in Wiener Neustadt geboren, nur drei Wochen nach Jakob Fugger („dem Reichen"; 1459–1525) und sechs Wochen nach dem Humanisten Conrad Celtis (1459–1508). Beide Altersgenossen sollten für den Politiker und den Mäzen der Künste von nicht zu unterschätzender Bedeutung für seinen späteren Lebensweg werden. Er war der ersehnte Erbe des Habsburger Kaisers Friedrich III. (1415–1493) und seiner Gattin Eleonore von Portugal (1436–1467; Abb. S. 8); in der Taufe am Osterfest 1459 wurde ihm der Name des legendarischen Heiligen Bischof Maximilian gegeben, der als Schutzpatron gegen die Türken galt (vgl. Abb. S. 54 aus dem sog. „Jüngeren Gebetbuch"). In seiner lateinischen Autobiographie berichtet Maximilian, dass zunächst der Name „Konstantin" von seiner Mutter vorgesehen worden war, als dem künftigen Wiedereroberer von Konstantinopel. Diese Kaiserstadt am Bosporus war ja nur sechs Jahre zuvor, am 29. Mai 1453, gefallen.

Die Bedrohung durch die Ausdehnung des osmanischen Reiches wurde in Wien sehr ernst genommen, sie prägte Maximilians Jugendjahre und führte zur Gründung des St. Georg-Ritterordens und zur Kreuzfahrermentalität in vielen von Maximilians Schriften und Verlautbarungen (Abb. S. 34). Die Jugendjahre werden in der verklärenden Biographie im *Weißkunig* als reiche Ausbildungsjahre in den theoretischen und praktischen Künsten, im Jagen, als Turnierkämpfer, als Kalligraph und Zeichner, als Verwaltungsbeamter ebenso wie als Feldherr, als Schüler der lateinischen und der deutschen Sprache beschrieben.

Bereits 1486 war er auf dem Reichstag in Frankfurt zum Römischen König gewählt und in Aachen gekrönt worden (Abb. S. 6). Nach dem Tod seines Vaters am 19. August 1493

Pinturicchio, **Begegnung Friedrichs III. mit Eleonore von Portugal, am 24. Februar 1452 in Siena vor dem damaligen Bischof von Siena Enea Silvio Piccolomini**
Fresko. Siena, Libreria Piccolomini im Dom von Siena

übernahm Maximilian das Königsamt und strebte sogleich einen Kreuzzug gegen die „Ungläubigen" und einen Romzug zur Kaiserkrönung an; beide Ziele verfolgte er sein Leben lang vergeblich. Durch die Kämpfe in Oberitalien mehrfach verhindert und ohne die notwendige Durchzugsgenehmigung Venedigs ließ er sich im Februar 1508 im Dom von Trient durch den Bischof von Gurk, den späteren Kardinal Matthäus Lang, zum „Erwählten Römischen Kaiser" proklamieren.

In seine weitere Regierungszeit fallen die Reichsreform, die Heeres- und Behördenneuorganisation (besonders beim Wormser Reichstag 1495), die Ausweitung der Habsburgischen Heiratspolitik nach Burgund, Ungarn und Polen (der Grundstein für die österreichisch-ungarische Donaumonarchie wurde beim ersten Wiener Kongress 1515 gelegt), aber auch nach Dänemark und Spanien, die ständige Bedrohung durch die Türken sowie das erste Auftreten Martin Luthers (1483–1546) auf dem Augsburger Reichstag von 1518, an dem aber vor allen Dingen die Nachfolgefrage für Maximilians Enkel Karl V. (1500–1558) mithilfe der Fugger entschieden wurde.

Das Festhalten von historischen Ereignissen für die Nachwelt, die Sorge um die „Gedächtnus" ist ein genuines Element der literarischen und künstlerischen Bestrebungen Maximilians. Er wollte damit einerseits Traditionen bewahren, andererseits „ein Anweiser aller künftigen Könige und Fürsten" sein und für seine Nachfolger die Möglichkeit schaffen, die königliche und „fürstlich Gedächtnus ehren" zu können (*Weißkunig,* Kap. 24). Wichtig wurde dabei, dass nicht nur die Tat selbst, sondern auch ihre Archivierung zu den wesentlichen Aufgaben eines Herrschers wurde, zum eigenen Lob, aber auch zum Herrschaftserhalt. Maximilian verband damit Elemente des Dichterselbstverständnisses seit der Antike, die mit Horaz (Oden 3, 30) formulierten, dass es nur einem Schriftsteller möglich sei, ein „monumentum aere perennius" zu schaffen, das heißt, nur die Aufzeichnung der Taten durch den Dichter sichert dem Herrscher über seine Zeit hinaus Ansehen und Erinnerung. Maximilian ging allerdings einen Schritt weiter, dazu nicht nur Sänger und Dichter zu beauftragen, sondern dieses Ruhmeswerk mit eigener Feder zu gestalten.

Seine Diktate für eine lateinische Autobiographie und für den deutschsprachigen *Weißkunig* waren Bestrebungen, die „materia" zu sammeln und sie dann Fachleuten zur inhaltlichen und sprachlichen Überarbeitung anzuvertrauen. Die Autobiographie, die auf persönliche Aufzeichnungen und Diktate in seinem „Reiterlatein" bis zum Jahr 1501 zurückgeht und von ihm selbst in der Tradition der *Commentarii* des Caius Julius Caesar gesehen wurde, redigierte sein Historiograph Joseph Grünpeck (1473–um 1532). Der fehlende erzählerische Rahmen, stilistische und sprachliche Brüche, historische Lücken und die mangelnde Ausrichtung unter einem leitenden Gesichtspunkt, etwa dem des „Gedächtnisses", zeugen vom Fragmentcharakter dieses Unternehmens. Grünpeck überarbeitete die Quellensammlung zweifach: Sie ist in einer lateinischen Handschrift von 1516 und in einer erweiterten, nur in deutscher Übersetzung überlieferten Fassung erhalten, die erst 1721, herausgegeben von Johann Jakob Moser (1701–1785), gedruckt wurde. Auch der Bearbeiter des *Weißkunig,* Marx Treitzsauerwein (1450–1527), nannte die von ihm 1514 vorgelegte Redaktion „eine Materie und ein unvollkommenes Werk" und erbat in seinem „Fragbuch" von Maximilian Aufschluss über die Zuordnung der Holzschnitte und die Reihenfolge der verschlüsselten Taten.

Wenn man sich dieses Eigendiktat Maximilians näher ansieht, erkennt man die Grundthemen seiner künftigen Herrschaftsführung schon bei der frühkindlichen Erziehung. Dem jungen Max werden edle Knaben an die Seite gestellt und vor allen Dingen herausragende Lehrer, die im Holzschnitt 16 des *Weißkunig* (Abb. S. 10 links) gezeigt werden können: Sowohl der Turnierkampf wird eingeübt als auch das Bogen- und das Pfeilschießen, eine Spielzeugkanone wird geladen, aber auch die Himmels- bzw. Wolkenbeobachtung gelehrt. Der Text weiß zu berichten, dass Maximilian seine hohen Tugenden bereits als Kind verwirklichte, er war ebenso fröhlich wie sanftmütig, „neufündig", das heißt allem Neuen aufgeschlossen, immer auf Einigkeit bedacht und nahm niemals „böse Partei".

Man erfährt auch, dass der junge Weißkunig aus eignem Antrieb heraus das Schreiben lernte (Abb. S. 10 rechts). Und es wird betont, dass er sich in täglicher Übung eine sehr gute Schreibschrift aneignete, die selbst von vielen Berufsschreibern bewundert wurde. Erst als ihm die Regierungstätigkeit keine Zeit mehr ließ, übertrug er das Schreiben einem seiner Sekretäre, darunter dem Bearbei-

Albrecht Dürer, **Kaiser Maximilian I.**, 1519
Öl auf Holz, 74 x 61,5 cm
Wien, Kunsthistorisches Museum

Holzschnitt aus dem „Weißkunig": Wie der Jung
Weißkunig lernet..., Druckstock 1515, Abzug 1775
Kapitel 1, Tafel 16, MS S. 4
Wien, Österreichische Nationalbibliothek

Holzschnitt aus dem „Weißkunig":
Maximilian als Kalligraph
Druckstock 1515, Abzug 1775. Kapitel 19, Tafel 21
Wien, Österreichische Nationalbibliothek

Maximilian diktiert Marx Treitzsauerwein
Kolorierte Zeichnung auf Papier, 1512
Wien, Österreichische Nationalbibliothek, Cod. 2835

ter des *Weißkunig*, Marx Treitzsauerwein (Abb. S. 10 unten). Neben den sieben freien Künsten lernte er aber auch das Handwerkszeug eines Königs, nämlich Fechten und Kämpfen. Wir sehen darin bereits das Bemühen, die beiden Grundtugenden eines Herrschers zu verwirklichen, das heißt *fortitudo et sapientia*, Tapferkeit und Weisheit in einer Person zu vereinigen. Dazu kommt die dritte Tugend, die der „Miltigkeit". Im Krieg tapfer und anschließend großmütig zu sein, zählte bereits zu den Tugenden der Imperatoren der römischen Antike. Maximilians Autobiographie geht insoweit einen Schritt weiter, dass er nicht nur die typischen Tugenden der Herrscher, sondern auch die künstlerischen und dichterischen Fähigkeiten aufnimmt, zum Beispiel durch die Kunst des Malens. Ein alter weiser Mann habe ihm mitgeteilt, dass er nicht nur ein rechter Heerführer sein müsse, sondern auch einen besonderen Verstand für die Kunst besitzen solle, und daraufhin malt er von früher Jugend an gar „fleißiglig". Maximilian wurde auch in das Geheimwissen der Schwarzen Kunst, also der Magie eingeführt, ebenso in die Architektur, in die Schreinerei, in die Zubereitung der Speisen, aber auch in Musik und Saitenspiel. Diese vielfältigen Begabungen ermöglichten es Maximilian, den unterschiedlichen Künstlern Anweisungen zu geben, wie sie seine eigene Herrschaft darzustellen hätten, ob es sich um Maler handelte, Komponisten oder um Vertreter der schreibenden Zunft, sowohl in der Sprache der Humanisten, dem Latein, als auch in der Sprache des Volkes (Abb. S. 11).

Hans Springinklee, **Holzschnitt aus dem „Weißkunig":**
Kaiser Maximilian I. ehrt das Andenken der Vorväter
Maximilian gibt den Vertretern der verschiedenen Künste
Anweisungen zu seinem Gedächtniswerk.
Druckstock 1515, Abzug 1526. Kapitel 24, Tafel 26
Stuttgart, Staatsgalerie Stuttgart, Graphische Sammlung

Bücher und Riesenholzschnitte zum ewigen Gedächtnis

Für die Kunstförderung Kaiser Maximilians sind zwei Aspekte charakteristisch, zum einen die Unterordnung aller künstlerischen Aufträge unter den Gesichtspunkt der „Memoria" (die aktuelle Propaganda mit dem Gedächtnis für die Nachwelt verbindet), zum anderen der Aspekt der beliebigen Multiplikation dieses Gedächtniswerkes (eine sehr frühe Variante des „Kunstwerkes im Zeitalter seiner technischen Reproduzierbarkeit"). So gibt es nur wenige Aufträge für einzelne Gemälde oder Standbilder, dagegen vielfältige Anregungen für großformatige und repräsentative Bücher und Holzschnittwerke. Nach den verworfenen Planungen zu einer lateinischen Autobiographie konzentrierten sich ab 1500 die Arbeiten auf das deutschsprachige Ruhmeswerk mit den drei geplanten Büchern *Freydal*, *Weißkunig* und *Theuerdank*.

Das Turnierbuch *Freydal* ist unvollendet geblieben und erst im späten 19. Jahrhundert publiziert worden. Der Miniaturencodex (Wien, Kunsthistorisches Museum, Kunstkammer, Inventar-Nr. 5073) enthält 255 ganzseitige Miniaturen, Tempera- und Aquarellmalerei über Federzeichnungen, von 26 unterschiedlichen Malern. Nur ein Bild ist mit einem Monogramm NP versehen, das vermutlich von dem Innsbrucker Maler Nicolaus Pfaundler stammt. Von fünf Miniaturen liegen Holzschnitte von Albrecht Dürer vor, eine weitere Vorbereitung für den Druck ist aber unterblieben. In der nicht vollständig ausgeführten Textfassung wird in 64 Kapiteln von jeweils gleichen Abläufen von Turnieren zu Ehren der Damen mit dem stereotypen Ablauf „rennen, stechen, kämpfen" berichtet, danach schließt sich jedes Mal eine „Mummerey", das heißt ein gesellschaftlich hochwertiges Maskenfest an (Abb. S. 13). Eine recht lockere Rahmenhandlung (da der Anfang fehlt, ist eine wirkliche Beurteilung nicht möglich) erzählt von einer Beauftragung Freydals durch drei Jungfrauen zur Ritterfahrt. Freydal erlebt an vielen Orten, die jedes Mal mit konkreten historischen Namen versehen werden, das Auf und Ab des Kampfes, das er aber stets wegen seiner „angeborenen adligen Tugend" für sich zu entscheiden weiß. Nach 64 Turnieren kommt er an den väterlichen Hof zurück, wo er „mit großen Ehren und Freuden gar süßiglich empfangen und auch von allem Hofgesind und sonst von allen Menschen aus der Massen hoch und wohl gehalten" wurde. Eine der drei Jungfrauen, die ihn auf diese Reise der Bewährung sandte, erwählt ihn schließlich zum Gatten, es handelt sich auch hier um Maria von Burgund (1457–1482)!

Ebenfalls unvollendet blieb der *Weißkunig*, der in der für Maximilian typischen Verbindung von Text und Illustration zunächst die Geschichte seiner Eltern bzw. des Geschlechts der Habsburger (wohl nach einer fremden Vorlage), im zweiten Teil seine Jugend und Erziehung (s. o.) und schließlich seine eigene Regierungszeit ausführlich behandelt. Marx Treitzsauerwein sollte alle Bruchstücke und Entwürfe im Jahre 1514 ordnen, doch hat er sich mit einem „Fragbuch" an Maximilian gewandt, da auch für ihn zahlreiche Episoden und Holzschnitte offensichtlich nicht mit einer konkreten historischen Situation zu verbinden waren. Die Idee des Ritterromans kommt hier erneut zum Tragen, da die unterschiedlichen Fürsten mit verschlüsselten Namen

„Mummereyen". Folio 96 des Turnierbuchs „Freydal" von
Kaiser Maximilian I., um 1515
Aquarellmalerei über Federzeichnung
Wien, Kunsthistorisches Museum, Kunstkammer

Seite: 14
Jakob Mennel, **Kayser Maximilians besonder Buch,
genannt „Der Zaiger"**, 1518
Fol. 23r: Die silberne Mondleiter. Papierhandschrift
Wien, Österreichische Nationalbibliothek, Cod. Vind. 7892

und Wappenzeichen (Maximilian als der weiße König, der König von Frankreich als blauer König etc.) miteinander kämpfen. Die konkreten politischen Situationen sind schwer zu erkennen und offensichtlich von Treitzsauerwein auch noch in falsche Zusammenhänge eingeordnet worden.

Lediglich das Versepos *Theuerdank* wurde abgeschlossen und 1517 in einer exklusiven Auflage von 40 Pergamentexemplaren und 300 Papierexemplaren gedruckt, die Auslieferung allerdings bis nach dem Tod Maximilians zurückgehalten. Im Kern ranken sich diese literarischen Versuche immer wieder um die Genealogie des Geschlechts, die Maximilian von einer Gruppe von Wissenschaftlern erarbeiten ließ, der der kaiserliche Historiograph Johannes Stabius († 1522), der Benediktinerabt Johannes Trithemius

aus Sponheim (1462–1516), der aus Franken stammende Wiener Professor Johannes Cuspinianus (Spiessheimer, 1473–1529) sowie der Augsburger Humanist Conrad Peutinger (1465–1547) und der Freiburger Professor Jakob Mennel (nach 1450–um 1525) angehörten. Mennels Vorarbeiten, die auch für andere Werke und Riesenholzschnitte verwendet wurden, haben sich in der handschriftlichen *Fürstlichen Chronick, genannt Kayser Maximilians Geburtsspiegel* (1517/18) erhalten (Wien, ÖNB, Cod. Vind. 3072 bis 3075). Jakob Mennel, seit 1496 Stadtschreiber in Freiburg im Breisgau, 1507 Doctor juris, verfertigte zahlreiche historische und genealogische Arbeiten für Maximilian. In diesem *Geburtsspiegel* wird sowohl eine Linie des Geschlechts auf die alttestamentlichen Propheten zurückgeführt, eine andere auf Hektor bzw. auf Aeneas und damit auf den

Jörg Kölderer, **Am Plansee bei Reutte in Tirol**. Aus dem „Tiroler Fischereibuch" Maximilians I., 1504
Wien, Österreichische Nationalbibliothek, Cod. Vind. 7962

Jörg Kölderer, **Hirschjagd auf der Langen Wiese bei Innsbruck**. Aus dem „Tiroler Jagdbuch" Kaiser Maximilians I., 1500
Brüssel, Bibliothèque royale de Belgique, Ms. 5751 bis 52

trojanischen Gründungsmythos. In einem 2. Band wird die Generationenfolge von Chlodwig bis zu Erzherzog Karl beschrieben, in den Bänden 3 und 4 werden die Seitenlinien und verschwägerten Geschlechter der Habsburger aufgelistet, in Band 5 und 6 die „Heiligen und Seligen" der Habsburger.

In einer weiteren Handschrift (Wien, ÖNB, Cod. Vind. 3077) hat Mennel die *Erlauchten und verumbten Weyber des löblichen Hauses Habspurg und Österreich* (1518) aufgeführt. In allegorischer Überhöhung legte er ebenfalls 1518 *Kayser Maximilians besonder Buch, genannt der „Zaiger"* vor (Abb. S. 14). Wie bei der Jakobsleiter werden hier alle Grade der Adligen des Hauses Habsburg vom Landgrafen bis zum Kaiser auf einer silbernen Leiter in den Mondhimmel geführt, im Zentrum steht die Krönung Maximilians durch zwei Engel (Wien, ÖNB, Cod. Vind. 7892).

Maximilian ließ sogar die Inventare für den Wildbestand und das Fischereiwesen repräsentativ gestalten. Mehrfach hat er selbst gefahrvolle Gämsenjagden in Tirol beschrieben – nicht wenige Kapitel im *Theuerdank* zeugen davon (s. u.) – und haben so den Mythos eines bedeutenden Jägers, der vor keiner Gefahr scheut, entwickelt. Die Inventare für den Wildbestand ließ er in einem *Tiroler Jagdbuch* und in einem *Tiroler Fischereibuch* (Abb. S. 15) zusammenstellen und ausgestalten. Im Jahre 1500 stellten ihm Karl von Spaur und Wolfgang Hohenleitner den Wildbestand in den Nordtiroler Jagdgebieten zusammen. Jörg Kölderer (um 1465/70–1540) zierte die Ausgabe mit zwei Jagdszenen (heute in Brüssel, Bibliothèque royale, Ms. 5751 bis 52). Wolfgang Hohenleitner beschrieb die Fischereigewässer von Tirol, die wiederum von Kölderer mit sechs Abbildungen der Seen und Gewässer verziert wurden (Wien, ÖNB, Cod. Vind. 7962). Zu diesen unvollendeten Projekten gehört auch sein im Probedruck vorliegendes *Gebetbuch*, das möglicherweise mit den Randzeichnungen von Albrecht Dürer und anderen zu einem Gebetbuch der St. Georgs-Bruderschaft werden sollte (vgl. dazu ausführlich S. 48 ff. im Zusammenhang mit der Theuerdanktype).

Wenn die literarische Gestaltung bei den Fragmenten vom *Freydal* und vom *Weißkunig* oder bei der Kompilationsarbeit des *Theuerdank* auch literaturgeschichtlich wenig Bedeutung erlangten, so ist doch jedes Mal eine prachtvolle künstlerische Gestaltung, zumeist im Holzschnitt, von Künstlern der ersten Kategorie seiner Zeit geschaffen worden. Auch die Wahl der Schriften, die Form der repräsentativen Buchgestaltung zum Beispiel des vorliegenden *Theuerdank* erinnern eher an prächtige handschriftliche Codices als an eine Massenproduktion von Texten.

Ähnlich verfuhr Maximilian auch mit zwei außergewöhnlichen Planungen für einen 57 m langen antikischen *Triumphzug* im Holzschnitt und eine 11 m² große *Ehrenpforte*, ebenfalls aus 36 Druckbogen zusammengesetzt. Nach dem Vorbild eines klassischen Triumphzugs von Andrea Mantegna (1431–1506), den der Kaiser wohl vom

Hof der befreundeten Gonzaga in Mantua kannte, ließ Maximilian eine Folge von 136 Holzschnitten nach den Entwürfen von Jörg Kölderer und seiner Werkstatt und vermutlich auch nach Albrecht Altdorfer (um 1480–1538) schaffen. Das Bildprogramm entwarf wiederum Johannes Stabius. An den Vorzeichnungen waren die führenden Holzschneider beteiligt, so Hans Burgkmair d. Ä. (1473–1531), Albrecht Altdorfer, Leonhard Beck (um 1480–1542), Hans Leonhard Schäufelein (um 1480–1540) und Hans Springinklee (um 1490/95–um 1540). Die Holzschnittausführungen wurden 1512 begonnen und mit dem Tod des Kaisers 1519 zunächst abgebrochen. Den großen Triumphwagen publizierte Albrecht Dürer (1471–1528) im Jahr 1522 auf eigene Kosten, die vollendeten Teile ließ Erzherzog Ferdinand 1526 zum ersten Mal abdrucken. 250 Jahre später, 1777, wurden von den Holzstöcken erneut Abzüge hergestellt. Parallel dazu entstand ein *Miniaturentriumphzug* um 1516, in 109 Miniaturen in Feder und Pinsel, Aquarell- und Deckfarben, die Albrecht Altdorfer zugeschrieben werden (Abb. S. 39, mit der Darstellung der Heirat Kaiser Maximilians mit Maria von Burgund).

Der Höhepunkt der Holzschnittausführung war der so genannte *Große Triumphwagen* (Abb. S. 16/17): Auf acht Foliobogen wurde ein 12-spänniger Wagen zu einer Bildfolge zusammengesetzt. Das allegorische Bildprogramm dieses Wagens hatte der Nürnberger Humanist Willibald

Pirckheimer (1470–1530) entworfen. Maximilian sitzt im deutsch-römischen Krönungsornat mit Plattenkrone auf einem rollenden Thron unter einem fantastischen Baldachin, umgeben von zahlreichen Tugendallegorien, wie der Justitia, der Clementia, der Temperantia, der Veritas, der Liberalitas etc. Die Tugenden formen sich zu einer Verehrung des mit Lorbeer zu kränzenden Maximilian, vor dem die Tafel mit der Inschrift „In manv dei (*im Bild*: cor) regis est" (das Herz des Königs ist in der Hand Gottes). Das Bild selbst wird mit der hymnischen Inschrift überschrieben: QUOD IN COELIS SOL HOC IN TERRA CAESAR EST, „Was die Sonne am Himmel ist, das ist der Kaiser auf Erden"!

Ähnlich triumphal wirkt der Riesenholzschnitt der *Ehrenpforte* (1517/18; Abb. S. 18/19). Es handelt sich um den größten jemals geschaffenen Holzschnitt der europäischen Kunstgeschichte (Schauerte, Katalog, 2003). Das Bildprogramm geht wiederum auf den Hofhistoriographen Johannes Stabius zurück, die künstlerische Ausführung auf Jörg Kölderer und die Holzschnittumsetzung auf Albrecht Dürer. Vom Grundsatz her wird ein großes Tor entworfen, das aber für die Holzschnittdarstellung in eine Zweidimensionalität gedrängt und so versucht wird, möglichst viel auf die vordere Schauseite unterzubringen. Wiederum steht hier die Genealogie, die Herrscherikonographie, der Stammbaum und eine Auswahl der bedeutendsten historischen Taten Maximilians im Mittelpunkt. Genealogie und Historie sind auch hier die tragenden Elemente. Wie Stabius in der beigegebenen Beschreibung ausführt, sei die *Ehrenpforte* für Maximilian „in der Gestalt wie vor alten Zeiten die arcus triumphales den römischen Kaisern in der Stadt Rom" errichtet worden. Von 195 größtenteils erhaltenen Stöcken wurde die *Ehrenpforte* auf 36 Großfoliobogen gedruckt und anschließend zusammengefügt (ca. 304 x 292 cm). Die in dem Werk erhaltene Datierung von 1515 bezeichnet nicht unbedingt den letzten Tag der Fertigstellung, sondern die Aufnahme der letzten Ereignisse, in diesem Falle die österreichisch-polnisch-ungarischen Doppelverlöbnisse vom Wiener Fürstentag von 1515 (vgl. Abb. S. 4).

Die bildliche Darstellung der Historien enthält eine interessante Parallele zum *Theuerdank*: vom Betrachter aus

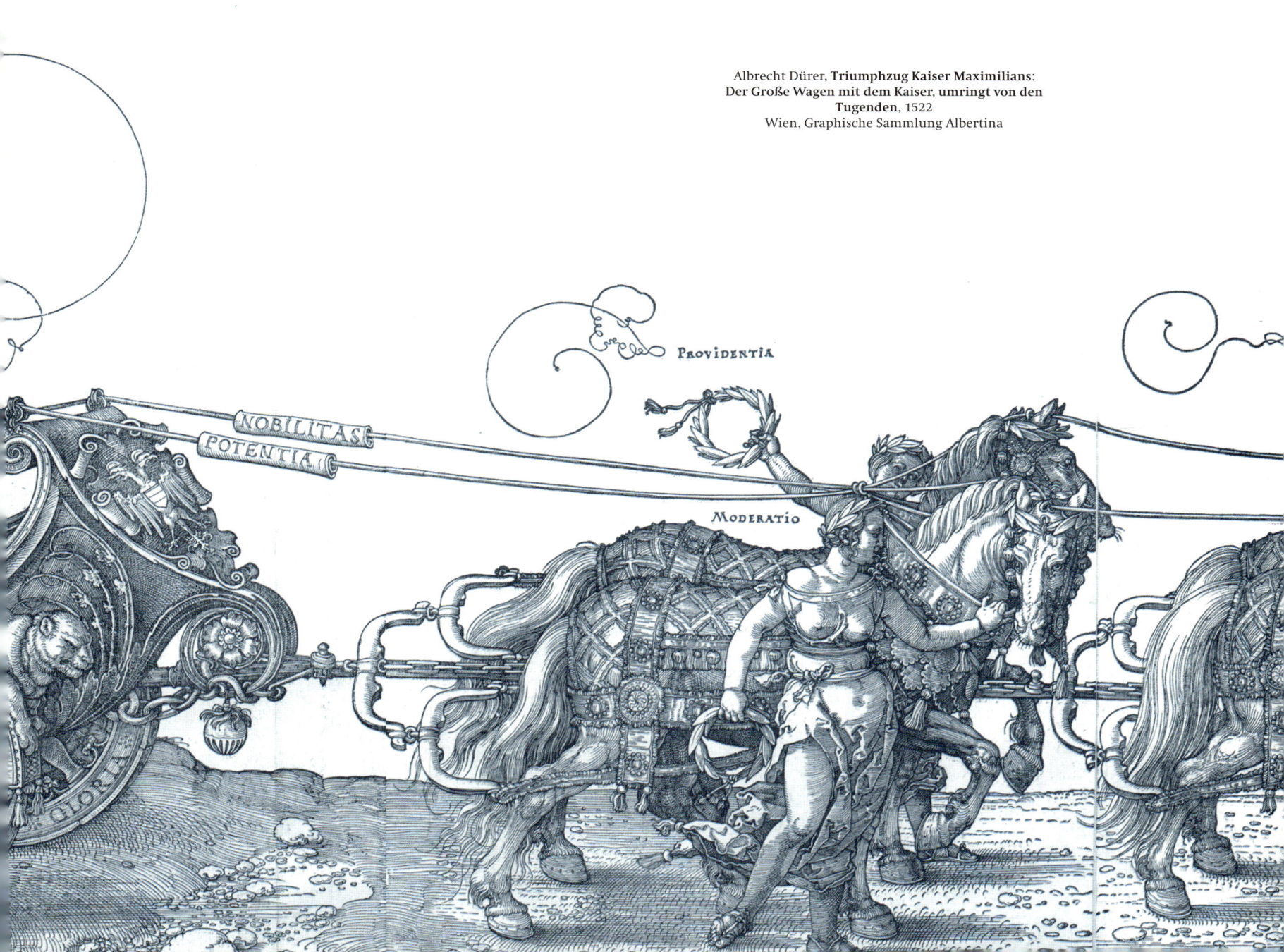

Albrecht Dürer, **Triumphzug Kaiser Maximilians: Der Große Wagen mit dem Kaiser, umringt von den Tugenden**, 1522
Wien, Graphische Sammlung Albertina

Albrecht Dürer, Hans Springinklee, Wolf Traut &
Albrecht Altdorfer, **Die Ehrenpforte Kaiser Maximilians I.**
Ausschnitt, altkolorierter Holzschnitt
Braunschweig, Herzog Anton Ulrich-Museum

gesehen rechts unten wird ein Feld frei gelassen, das den Türken-Kreuzzug aufgenommen hätte, in Parallele zum Text des 117. Kapitels des *Theuerdank,* der ebenfalls frei gehalten wurde. So wie der *Triumphzug* durch den großen *Triumphwagen* gekrönt wird, so ist die *Ehrenpforte* in der Mitte von dem „Mysterium der ägyptischen Buchstaben" überkrönt (Abb. S. 18). Mit den aus Horus Apollos *Hieroglyphica* entnommenen Symbolen wird Maximilian als fromm (Stern), als großmütig, mächtig und tapfer (Löwe), mit ewigem Ruhm (Basilisk) und den Gaben der Natur ausgestattet, kunstsinnig und gelehrt (Tau vom Himmel) gekennzeichnet. Die ägyptische Hieroglyphik verbindet sich mit mittelalterlicher Heraldik, klassischer Mythologie, antiker Kulturtradition und der Pracht italienischer Renaissance-Architektur zum allumfassenden Herrscherlob, „zu Lob und ewiger Gedächtnus seiner ehrlichen Freuden, kaiserlichem Gemüt und streitbaren Überwindungen", wie es der dem Triumphzug voranschreitende „Preco" verkündet.

Dieser großartige „papierne Triumph" wird nur noch einmal übertroffen, bei den Planungen für Maximilians Grabeskirche in Innsbruck. Dort sollten nach römischem Vorbild 40 lebensgroße Bronzestandbilder den besonderen Vertretern des Hauses Habsburg mit Kerzen in den Händen das Totengeleit geben. 28 Standbilder wurden ab 1508 nach den Entwürfen des Münchner Malers Gilg Sesselschreiber (um 1460/65–nach 1520) von verschiedenen Erzgießerwerkstätten hergestellt, u. a. durch den Nürnberger Peter Vischer d. Ä. (um 1460–1529). Diese Arbeiten waren bei Maximilians Tod noch nicht abgeschlossen, erst 1550 wurde die letzte Figur, Chlodwig, gegossen. Um den Kenotaph aus der 2. Hälfte des 16. Jahrhunderts, auf dem Maximilian von den vier Kardinaltugenden umgeben kniet und dessen Marmorreliefs seine wichtigsten militärischen Erfolge zeigen, versammeln sich die lebensgroßen Statuen. Dazu wurden in einer zweiten Reihe Büsten von römischen Imperatoren und Heiligen des Hauses Habsburg aufgestellt. Der Kaiser selbst fand seine letzte Ruhe in der St. Georgskirche in Wiener Neustadt, seine Grabeskirche in Innsbruck verkündet jedoch bis in die Gegenwart monumental von seinem Herrschaftsprogramm und seinem lebenslangen Gedächtniswerk.

Albrecht Dürer, Hans Springinklee, Wolf Traut & Albrecht Altdorfer, **Die Ehrenpforte Kaiser Maximilians I.**
Gesamtansicht nach der Erstausgabe 1517/18
ca. 304 x 292 cm. Wien, Graphische Sammlung Albertina

Flugblatt und Zeitung als Mittel des Herrschaftserhalts

Maximilian hat es verstanden, den Buchdruck und vor allem die neuen Medien Flugblatt und Zeitung für seine politischen Zwecke einzusetzen. Die Zeitung ist zeitgleich mit dem Buchdruck erfunden und verbreitet worden; dabei handelte es sich um Einblattdrucke von Texten, die bisher als Geschäftsschreiben in nur kleiner Zahl handschriftlich verbreitet worden waren, und die nun im 15. und 16. Jahrhundert in hoher Auflage hergestellt wurden. Dadurch wurde es möglich, die öffentliche Meinung zu beeinflussen, da zum Beispiel eine Reichstagsausschreibung jetzt nicht nur den engen Kreis der Kurfürsten bzw. der Reichsstädte erreichte, sondern darüberhinaus eine breitere Öffentlichkeit.

Während noch in der Regierungszeit Friedrichs III. (1452–1493) amtliche Publikationen in der Regel versiegelt an einen ausgesuchten Empfängerkreis versandt wurden (*litterae clausae*), ließ Maximilian einen Großteil der Reichstagsausschreibungen, Acht-Erklärungen, Mandate und Patente als offene Schreiben (*litterae patentes*) herausgeben. Neben einer hohen Auflage von jeweils circa 300 bis 500 Exemplaren ist die öffentliche Verbreitung durch Anschlag an den Rathäusern oder die Vermeldung von den Kanzeln bedeutsam. So wurde die Kanzel zu einem zuverlässigen Publikationsorgan und half bei der Durchsetzung der Rechtsordnung: Krieg und Frieden wurden dort ebenso verkündet wie die Reichssteuerordnung.

Die Verschmelzung von kirchlichem und politischem Interesse findet sich in besonderem Maße bei den Aufrufen zur Beteiligung an einem Türkenkreuzzug, so zum Beispiel bei der Werbung zum Eintritt in den St. Georgs-Orden im Jahre 1494. Dabei wird der weitreichende Empfängerkreis genau angegeben: „Wir entbieten allen und jeglichen, unsern und des heiligen Reichs Kurfürsten, Geistlichen und Weltlichen, Prälaten, Grafen, Freien, Herren, Rittern, Knechten, Hauptleuten, Vitzthuemern, Vögten, Pflegern, Verwesern, Amtleuten, Schultheißen, Bürgermeistern, Richtern, Räten, Bürgern und Gemeinden, und sonst allen anderen unsern und des Reichs Untertanen und Getreuen, in was Würden Stands und Wesen sie seien, den dieser unser königliche Briefe oder Abgeschrift davon zu sehen oder zu lesen fürkommt oder gezeigt wird, unser aller Gnad und alles Gut."

Eine theoretisch unbeschränkte Reichsöffentlichkeit, die dieses Schreiben zu lesen oder vorgelesen bekam, wurde mit umfangreichen Erläuterungen zum aktuellen politischen Geschehen versorgt: Reichstagseinladungen enthielten ausführliche Kriegsberichte, Siegesnachrichten wurden in Form kaiserlicher Mandate verbreitet. Bevorzugte Themen waren neben der Türkenfrage die Kämpfe mit wechselnden Verbündeten in Oberitalien, die Romzugs- und Kaiserkrönungspläne, ebenso herausragende diplomatische Erfolge wie das österreichisch-ungarische Doppelverlöbnis im Jahr 1515. Noch weitere Kreise erreichten diese „Feldmären" durch die gedruckten Volkslieder, das populärste Nachrichtenmedium der Zeit; einige Lieder meist unbekannter Verfasser verraten dabei eine direkte Abhängigkeit von offiziellen Verlautbarungen oder sind selbst versifizierte Mandate.

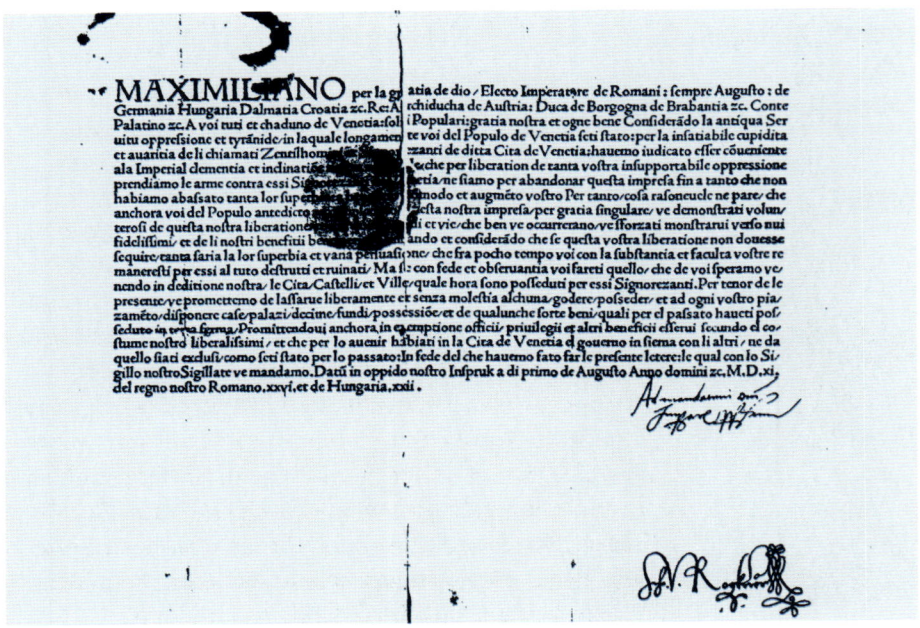

Seite 21:
Hans von Kulmbach, **Maximilian als „Hercules Germanicus"**, Flugblatt um 1489/90
Wien, Graphische Sammlung Albertina

Flugblatt zur Aufwiegelung der Venezianer, datiert Innsbruck 1. August 1511.
Venedig, Museo Correr, Cod. Cicogna 2281

Maximilian ließ aber nicht nur im Innern des Reiches durch Flugblätter die politische Meinungsbildung beeinflussen, er war auch der Schöpfer einer besonderen Form von „psychologischer Kampfführung". Bei seinen mehrjährigen Kämpfen gegen Venedig bemühte er sich mindestens dreimal (im August 1509, im April 1510 und im August 1511) mit propagandistischen Flugschriften in italienischer Sprache das Volk von Venedig gegen die Signorie aufzuwiegeln. Er wendet sich mit persönlichen Worten *A Voi tuti et chaduno de Venetia, soli populari...* an die Einwohner, die er „mit seiner kaiserlichen Milde" von der langjährigen Tyrannei der *Signorezanti* zu befreien verspricht. Mindestens 60 dieser Flugblätter wurden vom Landeshauptmann Leonhard von Völs nach Venedig gebracht und dort verteilt. Der italienische Chronist Marino Sanuto (1466–1536) berichtet, dass der „Rat der Zehn" mehrere Exemplare beschlagnahmen ließ, die sich im Stadtgebiet, auch in den Kirchen, gefunden hätten. In wohl formulierter Sprache – unterzeichnet von dem kaiserlichen Sekretär Vinzenz Rockner – verspricht er den *cittadini* und den *contadini* (den Städtern und der Landbevölkerung) die Freiheit und die Beteiligung am Stadtregiment von Venedig und auch ihre Eingliederung in das Reich (Abb. S. 22).

Soeben ist das wohl früheste Flugblatt Maximilians von Falk Eisermann im Gutenberg-Jahrbuch 2002 vorgestellt worden. Bisher stammten die frühesten Maximilian-Einblattdrucke aus den Jahren nach seiner Königswahl 1486. Bei diesem frühesten Druck der politischen Propaganda Maximilians handelt es sich um ein allgemeines „Ausschreiben" mit der Aufforderung, Söldner für einen Kriegszug gegen König Ludwig XI. von Frankreich zu stellen, das mit dem 18. Januar 1478 in Antwerpen datiert ist und nach Ausweis eines Typenvergleichs von Johannes Zainer d. Ä. (gest. nach 1527) in Ulm gedruckt wurde (bisher einzig bekanntes Exemplar aus dem Staatsarchiv Nürnberg). Als „Ausschreiben" bezeichnet man einen „offenen Brief", der sich nicht an eine namentlich definierte Adressatengruppe richtet: Am Anfang können wir lesen „Wir Maximilian, von Gots Gnaden Herzog zu Österreich etc. ... thun kund aller männiglich, den dieser unser Brief fürkommt oder verkündet wird". Das Blatt war also sowohl auf eine individuelle Ansprache als auch auf die mündliche Verbreitung angelegt. Es wurde an die Schaltstellen politischer Kommunikation versandt und von dort weiterverbreitet, oft durch handschriftliche Kopien oder mündliche Verkündigung, aber manchmal auch durch Nachdrucke.

Ein zweites Beispiel geht auf den Höhepunkt von Maximilians Erfolgen im Inneren zurück, auf die so genannte Böhmenschlacht im Jahre 1504 (Abb. S. 23). Ein Erbfolgestreit der Wittelsbacher gewann durch die Einschaltung Maximilians I. an historischer Bedeutung und ließ den jungen König mit gestärkter Hausmacht und gefestigter Stellung im Reich aus den Kämpfen hervorgehen. Am 1. Dezember 1503 war Herzog Georg der Reiche von Bayern-Landshut ohne männliche Erben gestorben. Nach den bayrischen Hausgesetzen konnte nur ein männlicher Verwandter das Erbe antreten. In Frage kamen lediglich seine Vettern, die Herzöge Albrecht und Wolfgang von Bayern-München, mit denen Herzog Georg aber schon lange zerstritten war. Bereits 1496 hatte er seine Tochter Elisabeth zur Universalerbin eingesetzt und ihr und ihrem Gatten Ruprecht, einem Sohn des Kurfürsten Philipp von der Pfalz, schon zu seinen Lebzeiten die Statthalterschaft einzelner Länder anvertraut. Diese Ausgangslage machte Maximilian zum Schiedsrichter, da das Reichsregiment nicht handlungsfähig war und ihm nach dem Reichslehnsrecht das gesamte Erbe anheim fiel.

Das einzige größere Treffen in diesem Erbfolgekrieg fand am 12. September 1504 bei Wenzenbach in der Nähe von Regensburg statt. Dort schlug Maximilian, der dabei selbst in große Gefahr geriet, mit überlegenen Reitern böhmische Hilfstruppen, die einzig verbliebenen Ver-

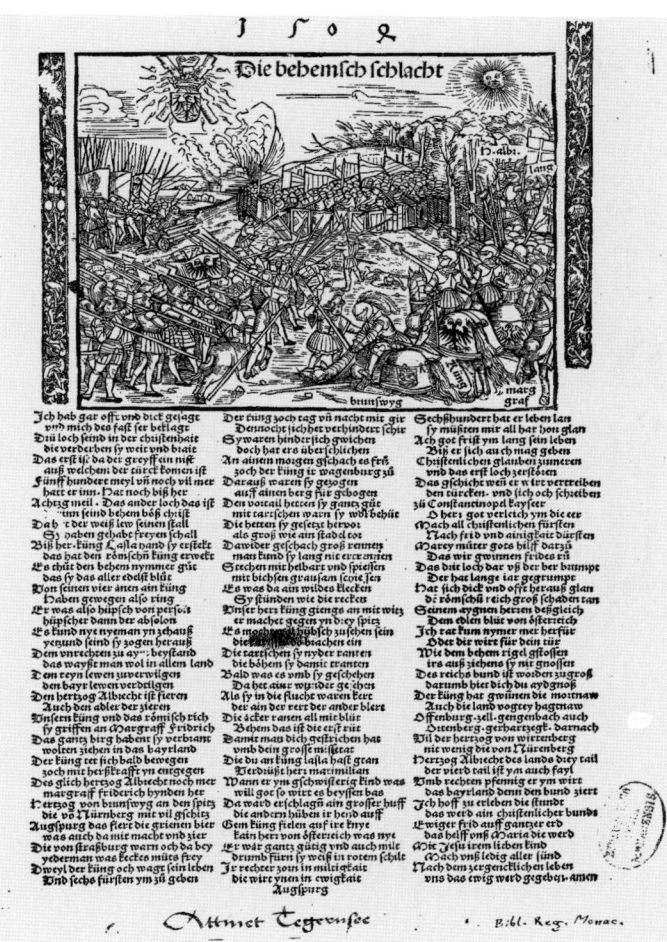

Die Böhmenschlacht. Einblattdruck mit Holzschnitt von Hans Burgkmair
Augsburg: Johannes Otmar 1504
München, Bayerische Staatsbibliothek München,
Einblatt I, 13

bündeten der Pfälzer. In eineinhalb Stunden wurde die Schlacht geschlagen, 1 600 Böhmen sollen getötet, 700 gefangen genommen worden sein. Den Triumph dieser Schlacht bei Regensburg ließ Maximilian auf verschiedene Art und Weise darstellen.

Mehrere Liederdichter standen über längere Zeit in Verbindung mit dem Hause Habsburg, so ein Hans Schneider, der den Titel erhielt „Königlich Majestät Sprecher", von dem unter anderem zwei Spruchgedichte über den bayrischen Erbfolgekrieg bekannt sind. Seine Parteinahme für Maximilian ist diesem Spruchgedicht deutlich anzumerken: In Form eines fingierten Botenberichts lässt er als Gewährsmann einen fürstlichen Boten über den frevelhaften Vertragsbruch als Kriegsursache sprechen und macht für die bisherigen Kriegsgräuel allein den Pfalzgrafen und seine böhmischen Hilfstruppen verantwortlich: „Die Frauen schwächen, Kirchen brechen, das wollt der König gerne rächen." Um deutlich zu machen, dass es sich um einen gerechten Krieg gegen die ketzerischen Böhmen handelt, wird in der Tradition des Meistersangs der Segen der Gottesmutter erfleht:

„Im Namen Gots wir greifens an,
ein Schlacht wolln wir vollbringen;
Maria Gottes Mutter rufen wir an,
dass wir die Ketzer bezwingen."

Das bemerkenswerte Flugblatt mit dem wirkungsvollen Holzschnitt von Hans Burgkmair und einem rhetorisch ausgeformten Spruchgedicht (Abb. S. 23) erschien nur wenige Tage nach der Schlacht in Augsburg. Der anonyme Autor und Burgkmair geben den Verlauf des Gefechtes getreu wieder. Burgkmair zeigt die auf einem Hügel vor dem Waldrand verschanzten Böhmen, gegen die die königlichen Truppen in Dreierformation anmarschieren: links die Fußtruppen der Städte mit ihren Fahnen und Geschützen, darunter die Augsburger, in der Mitte die Landsknechte, auf der rechten Flanke die Geharnischten zu Pferd, unter ihnen Herzog Albrecht, Bischof Matthäus Lang, der Markgraf von Brandenburg und der König, jeweils durch ein kleines Namensschild erkennbar. Im Hintergrund kann man das brennende Dorf Wenzenbach erkennen. Der Verfasser des Textes verfügte offensichtlich über detaillierte Kenntnisse des Schlachtgeschehens, er betont besonders die Tapferkeit und später die Milde Maximilians:

„Jedermann war kecken Mutes frei,
derweil der König auch wagt sein Leben...
Unser Herr König gings an mit Witz,
er machet gegen ihn drei Spitz,
es mocht wohl hübsch zu sehen sein."

Der Sieg wird als gerechte Strafe für die Böhmen betrachtet, und vor allen Dingen als Zeichen interpretiert, nun auch die andere Gefährdung der Christenheit mit gleicher Stärke zu überwinden und nach den gottlosen Böhmen die Türken zu bezwingen, um damit einen weiteren Wunschtraum Maximilians, die Vereinigung von West- und Ostrom unter seiner Herrschaft zu verwirklichen. Das rhetorisch geschickt aufgebaute Spruchgedicht endet mit der Anrufung der Gottesmutter und der topischen Bitte um „Frieden auf der ganzen Erde" und um „ewiges Leben". Das Flugblatt ergreift deutlich Partei für die habsburgische Seite und verbindet aktuelle Nachrichten mit weitreichenden propagandistischen Herrschaftsperspektiven.

Aus den frühen 1490er Jahren stammt ein drittes Flugblatt, das Maximilian als „Hercules Germanicus" zeigt, in der oberen Hälfte als Herkules mit einer Krone aus Pappellaub, einer Keule und einem Bogen sowie einem eingespannten Pfeil (Abb. S. 21). In der unteren Hälfte wird er als Sohn Friedrichs III. und als deutscher König bezeichnet, das heißt das Flugblatt stammt mit hoher Wahrscheinlichkeit aus den Jahren vor 1493. Maximilian wird als deutscher König mit dem Orden vom goldenen Vlies dargestellt, zusammen mit den unterschiedlichen Repräsentanten seiner Länder, rechts unten Mailand, links unten Ungarn, Griechenland, Serbien, rechts oben Böhmen und in der Mitte neben Maximilian Burgund, links oben das Reich und auch die Schweiz. Die Zwischenüberschrift nennt ihn einen „allgemeinen Bezwinger der Welt und einen Friedensbringer", einen „deutschen Herkules und einen glorreichen Weltenherrscher". Eine Datierung auf das Jahr 1489/90 ist möglich, da er auf dem Frankfurter Reichstag von 1489, den er gemeinsam mit seinem Vater Friedrich III. besuchte, in einem lateinischen Lobgedicht ebenfalls als „Hercules Germanicus" bezeichnet wurde.

Das Bild Maximilians im Spiegel der italienischen Humanisten

Albrecht Dürer resümierte seine italienischen Reiseerfahrungen im Jahre 1506 mit den verbitterten Worten: „... vnsers künix spott man sehr". Gern hätte er seinem Freund Willibald Pirckheimer in einem Brief aus Venedig vom 8. September über den Romzug und die Kaiserkrönung Maximilians berichtet, doch die „Venediger machen groß Volk, desgleichen der Papst, auch der König von Frankreich" (Pirckheimer-Briefwechsel Bd. 1, 1940, Nr. 122). Der Truppenaufmarsch unter Führung des französischen Königs Ludwig XII. ließ Maximilian ein weiteres Mal von der Krönungsfahrt Abstand nehmen.

Die lang andauernden kriegerischen Auseinandersetzungen mit wechselnden Bündnispartnern in Oberitalien bestimmten weitgehend das Verhältnis der Italiener zu ihren nördlichen Nachbarn. Das Bild des „draufgängerischen Landsknechtes", des „trunksüchtigen und gefräßigen Deutschen" verband sich mit einem in der Renaissance gewachsenen kulturellen Überlegenheitsgefühl gegenüber den „geistigen Barbaren" mit ihrer „lächerlichen Sprache", so dass man im italienischen Deutschen-Bild der Renaissance fast gar keine positiven Züge finden kann.

Wenn sich im Unterschied zu diesem Befund der Volksmeinung dennoch zahlreiche wohlmeinende Stimmen über Maximilian und ausgewählte Exponenten deutscher Wissenschaft und Politik in den Kreisen italienischer Gelehrter erhalten haben, lag dieses an dem vermehrten Gedankenaustausch italienischer und deutscher Gelehrter am Ende des 15. Jahrhunderts; das Studium deutscher Scholaren an italienischen Hochschulen nahm weiter zu, italienische Professoren unterrichteten an Universitäten im deutschsprachigen Gebiet, etwa in Basel oder vor allem seit 1493 auch in Wien. Diese Kulturbeziehungen wurden durch das großartige Mäzenatentum Maximilians, das in der Zeit der italienischen Spätrenaissance nur mit dem von Papst Leo X. vergleichbar war, entscheidend gefördert. Auch äußere Ereignisse, wie die Eheschließung Maximilians mit Bianca Maria Sforza (1472–1510; Abb. S. 25, 30) im Jahre 1494, die in ihrem Hofstaat italienische Gelehrte und Künstler um sich versammelte (vgl. Abb. S. 31), und Gesandtschaftsreisen humanistisch gebildeter Diplomaten führten zu einer Verbreitung neulateinischer Literatur und humanistischen Gedankenguts im Deutschen Reich.

Die Historiographen zeichneten in der Regel ein nüchternes Bild von Kaiser Maximilian, in kritischer Distanz zu ihrem möglichen Kriegsgegner. Je nach Art der politischen Verstrickungen werteten die Florentiner, Mailänder oder Venezianer die Persönlichkeit Maximilians. Stets wurden allerdings sein Wankelmut (*un Imperadore instabile e vario*) und seine Geldschwierigkeiten (*Massimiliano pocchi danari*) angeprangert, sein Gerechtigkeitssinn und seine Feldherrntalente wurden dagegen gelobt. Ein charakteristisches Exempel ist der zusammenfassende Bericht Niccolò Machiavellis (1469–1527) vom Juni 1508, sein *Rapporto di cose della Magna*, in dem die Finanzsorgen Maximilians in treffender Metaphorik entlarvt wurden: *... se le frondi degli alberi d'Italia fossero divenuti ducati, non gli bastavano!* – „und wenn die Bäume Italiens aus Dukaten bestünden, würden sie doch nicht ausreichen". Auf der anderen Seite rühmt er

Jason Maynus, **Epithalamium zur Hochzeit Maximilians I. mit Bianca Maria Sforza**, Mailand 1509
Abschrift auf Pergament. Zierseite mit dem Bildnis Maximilians und Biancas
Wien, Österreichische Nationalbibliothek, Cod. Vind. Ser. n. 12594

Marcellus Palonius, **Oratio**, Titelbild, 1516
München, Bayerisches Nationalmuseum, Cod. 3661

seine *infinite virtù*, die sich in Krieg und in Frieden zeigten, er war ein *perfetto capitano, tollerantissimo di ogni disagio, giusto nei suditi*, – „ein perfekter Feldherr, tolerant in allen Lebenslagen und gerecht auch gegenüber den Besiegten". Neben diesen politischen Qualitäten lobten die Historiographen besonders seine Liebe zur Kunst und den Wissenschaften.

Die Gesandten seiner Zeit knüpften in ihren Reden bei dieser Vorliebe Maximilians an und priesen stets sein Mäzenatentum und seine Bildung. Als venezianischer Gesandter hielt zum Beispiel der Doktor beider Rechte Hermolaus Barbarus (1453–1493) im Jahr 1486 eine Lobrede auf Kaiser Friedrich III. und den gerade erwählten Römischen König Maximilian in Brügge. In seiner formvollendeten Rede hob er alle Tugenden des jungen Königs sowie seine künftigen Taten hervor und pries, den Regeln des Herrscherlobs folgend, sowohl seine reichen Feldherrntalente als auch seine Gaben in Friedenszeiten: *sapientia, temperantia, innocentia, religio* und *frugalitas*. Diese Rede erregte in Brügge großes Aufsehen und wurde sogleich im Druck verbreitet; sie verschaffte Barbarus hohes Ansehen am Hof und im gesamten Reich.

Auch bei der Hochzeit Maximilians mit seiner zweiten Gemahlin, Bianca Maria Sforza, sprachen zwei italienische Gesandte, unter anderem im März 1494 der mailändische Gesandte Jason Maynus und der Gesandte des Herzogs Ercole von Ferrara, Pandolphus Collenutius, an der Festtafel in Innsbruck (Abb. S. 25). Im Namen ihrer Herren beglückwünschten sie das Paar; Maynus rühmte formgerecht die Schönheit, Anmut und Reinheit von Bianca, feierte aber in der Hauptsache Maximilian als den künftigen Türkenbezwinger; er lobte seine Abstammung, seine Sprachkenntnisse und zeigte in einem Exkurs über seinen Namen, dass er den beiden bedeutenden Römern Maximus und Aemilianus gleichkomme, ja die Bedeutung beider in sich vereine und noch übertreffe (gemeint sind Quintus Fabius Maximus, der Cunctator, der Karthago 218 den Krieg erklärte, trotz Niederlagen gegen Hannibal nicht aufgab und das römische Staatswesen festigte sowie Publius Cornelius Aemilianus Scipio, der Zerstörer Karthagos). Die Rettung der Christenheit sei bei ihm in sicheren Händen und die Unterstützung seines Schwiegervaters, Ludovico Sforza, sei ihm gewiss. Damit wurden die direkten politischen Auswirkungen dieser Eheschließung berührt: Herzog Ludovico werde gern die Reichsrechte in Italien schützen, während Maximilian gegen die Türken ziehe. Der Kreuzzugslegat Kardinal Peraudi nahm die Rede begeistert auf und ließ sie als Flugblatt drucken. Collenutius lobte die Tugenden Maximilians, die er alle aufzuzählen gar nicht in der Lage sei. Dem klassischen Unsagbarkeitstopos folgend, feierte er ihn mit Hinweis auf seine schriftstellerischen und wissenschaftlichen Betätigungen als *imperator litteratus*, pries sein Geschlecht und rühmte mit gewählten Vergleichen zu antiken Herrschern seine *iustitia, liberalitas, prudentia, fortitudo* und *clementia*. Die Zeitgenossen und die Christenheit könnten sich glücklich schätzen, einen solchen Regenten zu besitzen.

Durch die Eheschließung mit Bianca Maria Sforza nahm die Zahl der am Hofe beschäftigten Italiener deutlich zu,

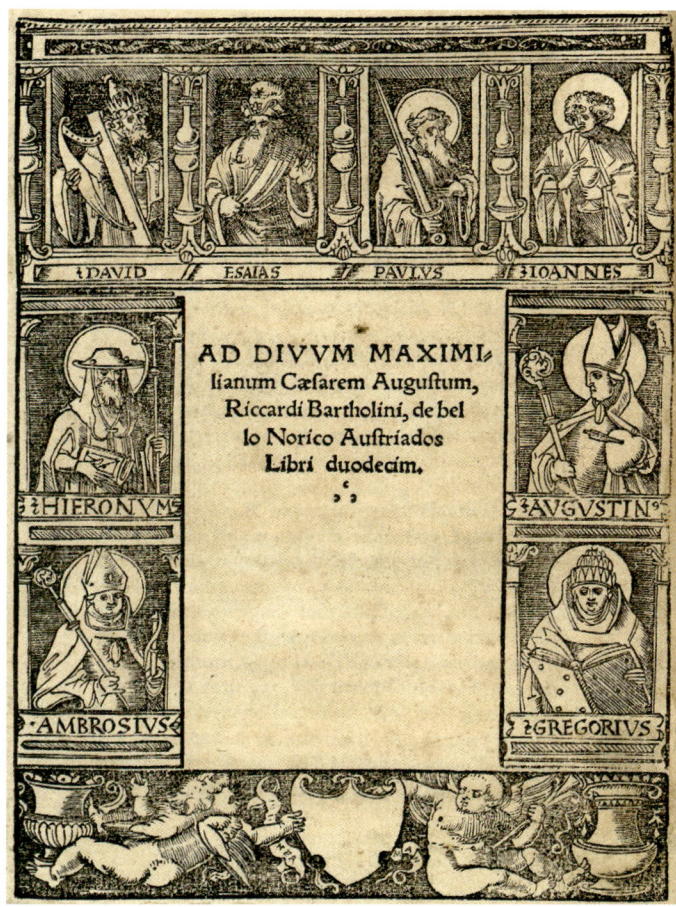

Riccardus Bartholinus, **Austriados Libri duodecim**,
Titelblatt, 1516
Schmuckleisten von Hans Hermann
Göttingen, Staats- und Universitätsbibliothek,
8° poet. lat. rec. I, 1700

vom Kammerdiener bis zum Beichtvater hatte die Königin in der Mehrzahl Landsleute um sich versammelt; unter ihnen befanden sich auch humanistisch gebildete Sekretäre, wie zum Beispiel die Brüder Petrus und Franciscus Bonomus aus Triest. Ein besonders eindringliches Beispiel des Engagements eines italienischen Humanisten für Kaiser Maximilian stellt eine weitgehend unbeachtet gebliebene *Oratio* von Marcellus Palonius vom 1. März 1516 dar (Abb. S. 26). Darin fleht er Maximilian inständig um Hilfe für das daniederliegende Italien an und bittet ihn, die Franzosen aus dem Lande zu vertreiben und Recht und Gesetz wieder herzustellen. Diese *Oratio* ist in einer prächtig ausgestatteten Pergament-Widmungshandschrift für den Kaiser aus der Zeit um 1516 im Bayerischen Nationalmuseum in München (Codex 3661) erhalten und nie im Druck erschienen. Palonius soll als junger Mann an der Schlacht von Ravenna (1512) teilgenommen und darüber ein Epos verfasst haben. In der Erinnerung an die grauenvolle Schlacht, in der die Franzosen die Heilige Liga des Papstes mit Spanien und Venedig vernichtend geschlagen und die Stadt Ravenna unbarmherzig geplündert hatten, gestaltete Palonius einen Hilferuf ganz Italiens an den Kaiser in einer wiederum ausweglosen Situation im Frühjahr 1516. Nach der Schlacht von Marignano (13.9.1515) hatte Franz I. erneut die Vormachtstellung in Oberitalien gewonnen, zudem Mailand von Massimiliano Sforza durch Vergleich übernommen und mit dem Papst im Dezember 1515 in Bologna offiziell Frieden geschlossen. Unterdessen versuchte Maximilian, die antifranzösische Liga mit Spanien, England, der Schweiz und dem Papst wieder aufzubauen. Heinrich VIII. unterstützte mit Geldzuweisungen 15 000 schweizerische Söldner, die Maximilian neben seinen 10 000 Landsknechten für den Aufmarsch im März 1516 zur Verfügung standen. Nach dem Tod Ferdinands des Katholischen (23.2.1516) blieb aber die zugesagte Unterstützung von dieser Seite aus, so dass Maximilian den Feldzug mit nur geringen finanziellen Reserven führen musste. Als die Einnahme Mailands Ende März 1516 scheiterte und die Soldzahlungen ausblieben, rebellierten die Söldner auf dem Rückzug. Es kam zu schweren Plünderungen in Oberitalien, und Maximilian zog sich geschlagen nach Tirol zurück.

In dieser Situation erschien Ulrich von Huttens (1488–1523) bekanntes fiktives Schreiben der *Italia* vom Juli 1516 aus Bologna an Maximilian mit der Bitte um weitere Hilfe. Die gleiche Thematik beherrscht die *Oratio* des Palonius, die noch vor dem Fiasko Maximilians verfasst und am 1. März 1516 gehalten wurde. Da sich Hutten zu diesem Zeitpunkt in Rom aufhielt, ist es immerhin denkbar, dass er durch die Rede des Palonius zu seiner *Epistola* angeregt wurde. Das prächtig illuminierte Titelbild der Handschrift (Abb. S. 26) zeigt in einer reich ornamentalen Blattgoldumrahmung Kaiser Maximilian, der auf einem Schimmel die Alpen in Richtung Süden durchquert, gewandet mit den Insignien römischer Feldherrn: das an der rechten Schulter geknöpfte blaue *Paludamentum* der Kriegstracht über der mit dem *Cingulum militare* gegürteten Tunika und dunkelroten Schulterstücken, zur Kennzeichnung zusätzlich die kaiserliche Bügelkrone auf dem Haupt. Diese in Mittelitalien um 1515 entstandene Miniatur (vgl. Stilentsprechungen zur zeitgenössischen Malerei eines Amico Aspertini, Bologna, oder eines Perugino, Umbrien) verweist in ihrer Dynamik und Naturnähe, dem *Adlocutio*-Gestus, der Haltung und der Kleidung des Reiters, auf das klassische Vorbild des Reiterstandbildes von Marc Aurel vor dem Lateran und weiter auf den Regisole vor dem Dom von Pavia, von dem Pferdezeichnungen Leonardo da Vincis (1452–1519) überliefert sind. Pferd und Reiter werden in gemessener Bewegung, dem Passgang, gezeigt, der Herrschergestus weist selbstbewusst voraus nach Italien; die Berge öffnen sich und geben den Blick auf die oberitalienischen Seen in der linken oberen Bildhälfte frei.

Die allegorisch dargestellte *Italia supplex* im linken Bildvordergrund empfängt kniend den Kaiser; in den Medaillons im Bildrahmen wird die dazu gehörige Erklärung gegeben ITALIA AD MAXIMILIANVM SVPPLEX CONFVGIT. Der doppelköpfige (Reichs-)Adler an der linken oberen Bildhälfte hält zudem ein Schriftband mit der beruhigenden Aufforderung: VISO CAESARE PONE METVS („Nachdem du den Kaiser erblickt hast, lege jede Furcht ab"), eine Hexameterhälfte, die an den ovidischen Sprachgebrauch erinnert.

Gleich zu Beginn der Rede versucht Palonius die Aufmerksamkeit durch die eindringliche Beschwörung der einstigen Größe Roms zu erwecken, damals hätten Frieden und Sicherheit für das ganze Volk gewährleistet werden können. Er knüpft daran die Erwartungen an den jetzigen Imperator, auch in gegenwärtiger Situation Frieden und Ruhe sicherstellen zu können. Dann schildert er die Verbrechen der Gallier (*barbarum genus*), die die Ursache für die Schmach Italiens seien, und beklagt sich bitter, dass Maximilian deren Verwüstungen und Brandschatzungen in Oberitalien dulde. Er fordert Maximilian, dem er die Tribute eines idealen Herrschers, *fortitudo*, *prudentia* und *pietas* zuordnet, auf, dass er den Frieden mit seiner Autorität herstelle und für Recht in ganz Italien sorgen solle. Palonius reiht Maximilian durch seine Rede in eine Linie mit den römischen Herrschern der Antike ein und scheut sich nicht, den deutschen Kaiser zum Schutz gegen die Barbaren zu Hilfe zu rufen. Er plädiert somit für ein starkes universales römisches Kaisertum unter Führung von Maximilian in Erinnerung an den Glanz der Antike. Maximilian wird sich kaum besser verstanden gefühlt haben als in eben dieser Rede eines italienischen Humanisten.

Einem weiteren italienischen Humanisten, Riccardus Bartholinus aus Perugia (1470–1529), blieb es vorbehalten, das bedeutendste Werk der höfischen Panegyrik zu schreiben, ein Epos *Austriados Libri duodecim* (Abb. S. 27) aus Anlass seines Sieges im bayerischen Erbfolgekrieg (1504/05), das zur Verherrlichung des Hauses Österreich angelegt ist, parallel zur poetischen Umsetzung der Taten des Kaisers in seinen deutschsprachigen Werken *Theuerdank* und *Weißkunig*. Bartholinus war zunächst von 1504 bis 1507 in Begleitung seines Onkels, des päpstlichen Nuntius Marianus Bartholinus, am Hofe und gehörte als Kaplan von Kardinal Lang von 1513 bis 1519 zum engeren Humanistenzirkel des Kaisers. Die bedeutendsten politischen Ereignisse dieser Jahre, die auch Maximilian in seinem Ruhmeswerk nicht unerwähnt ließ, bilden den Ausgangspunkt für seine Werke; neben dem Epos schildert er den wichtigsten außenpolitischen Erfolg dieses Jahrzehnts, die Wiener Doppelhochzeit 1515 in einem Reisebericht, dem *Odeporicon* (Abb. S. 29), das auch wegen seiner kulturhistorischen Exkurse, den Städtebeschreibungen und dem Einblick in die Lebensweise der Hofpoeten erhebliche Bedeutung besitzt. In die spanische Nachfolgefrage 1516 schaltete sich Bartholinus mit einem publizistisch höchst wirkungsvollen *Heroischen Brief* ein; nach seiner Dichterkrönung im Jahre 1517 in Antwerpen berichtete er als offizieller Chronist über den Augsburger Reichstag von 1518. Grundlage für dieses umfangreiche literarische Werk bildete eine Professur *in arte oratoria* in Perugia, die er 1519 wieder aufnahm und von der Klassiker-Kommentare und Übersetzungen aus dem Griechischen zeugen. Die Stellung in Perugia brachte diplomatische Verpflichtungen und Gesandtschaftsreisen mit sich, in deren Zusammenhang zwei Begräbnisreden für Peruginer Persönlichkeiten und ein *Idyllium* auf die Wahl von Papst Leo X. im Jahre 1513 stehen.

Bartholinus kann als Muster eines *poeta eruditus* der Renaissance angesehen werden. Er bezog sein Wissen und seine Weisheit aus den Schriften der Antike, die er mit umfangreichen Kommentaren zu interpretieren suchte, und war gleichzeitig bemüht, sie mit den eigenen Werken wetteifernd zu übertreffen. Dichten bedeutete für ihn künstlerische Auseinandersetzung mit den durch die Tradition vorgegebenen Inhalten und Formen. Bartholinus

Riccardus Bartholinus, **Odeporicon**, Tafel 3, 1515
Wolfenbüttel, Herzog August Bibliothek,
92.17 hist. 8°

Bernardino dei Conti, **Porträt einer jungen Frau (Bianca Maria Sforza)**, o.J.
Öl auf Holz. Paris, Musée du Louvre

Albrecht Dürer, **Triumphzug Kaiser Maximilians I.: Die Heirat mit der Erbin von Burgund**, 1522
Tafel 89/89
Wien, Graphische Sammlung Albertina

nahm sich vor allen Dingen Vergil zum Vorbild für seine Arbeit, wie er in seinen handschriftlichen Kommentaren detailliert nachweist. Er beschreibt darin die vorbildliche Arbeitsweise Vergils, der Homer in der lateinischen Sprache nachgeahmt hätte. Die Möglichkeit, mit seinen Versen ewigen Ruhm zu bereiten, betont Bartholinus mehrfach. Er nimmt auf Vergil Bezug, der von der triumphalen Heimbringung der Musen durch Pindar nach Rom spricht, genauso nimmt er sich nun vor, die Musen von Italien nach Deutschland zu tragen. Dies klingt fast wie eine Antwort auf die 20 Jahre zuvor vorgetragene Bitte des Conrad Celtis an Apollo:

*„Komm, so flehen wir, drum zu unseren Küsten,
wie Italiens Lande du einst besuchtest,
mag Barbarensprache dann fliehen
und alles Dunkel verschwinden."*

Riccardus Bartholinus glaubte, diese Bitte einlösen zu können und nun die Dichtkunst über die Alpen zu bringen. Nicht nur die Leistung seines Epos spornte ihn dazu an, sondern auch die Idee, dass man nur in der lateinischen Sprache Bildung vermitteln könne. Er polemisierte gegen die Ungebildeten, die „in der Volkssprache stolperten", und forderte, die Größe und Bedeutung eines Herrschers nicht in dieser Sprache zu beschreiben, sondern den Regeln der Grammatik und Rhetorik gemäß in Latein. Während ab 1480 in Italien der Primat der lateinischen Sprache zugunsten der Volkssprache aufgegeben wurde, konnte Bartholinus in der Phase der Hochrenaissance nördlich der Alpen noch dieses Bildungsprogramm vertreten. Wetteifernd mit Vergil suchte er sich einen zeitgenössischen Repräsentanten, dem er seine Verherrlichung zukommen lassen konnte, um seine erudite Bildung dichterisch darstellen zu können. So fanden in Bartholinus und Maximilian zwei Persönlichkeiten zusammen, deren Disposition zum Dichter und deren Auffassung vom Wesen und der Macht der Dichtung sich auf das Beste ergänzten. Der „Vergil aus Perugia" fand den „Augustus aus Deutschland".

Ambrogio de Predis, **Kaiser Maximilian I.**, 1502
Öl auf Holz, 44 x 30 cm
Wien, Kunsthistorisches Museum

Kaiser Maximilian und die „Rettung der Christenheit"

Ein Sieg in Oberitalien gegen die Venezianer und der Krönungszug nach Rom blieben Maximilian zeitlebens versagt. In Bezug auf sein zweites großes Lebensziel sollte ihm dies nicht passieren: Maximilian wollte an der Spitze eines Heeres gegen die Ungläubigen ziehen und der „Schmach von 1453", dem Fall von Konstantinopel, entgegenwirken – daher thematisierte er den Türkenfeldzug in allen seinen Publikationen.

Als Maximilian 1459, nur sechs Jahre nach dem Fall von Konstantinopel (am 29. Mai 1453), geboren wurde, war die Erinnerung noch frisch. Die Osmanen waren inzwischen unter Sultan Mehmet II. „dem Eroberer" (reg. 1451–1481) wiederholt bis nach Albanien, Bosnien und Serbien vorgedrungen. Nur der ungarische König Matthias Corvinus (1440–1490) konnte sich noch gegen sie behaupten. In dieser Situation findet auch die Namenswahl des künftigen Königs Beachtung, denn sein Vater schlug zunächst den heiligen Georg als Namenspatron vor, der als Drachentöter zum Symbol der Kreuzfahrer geworden war (Abb. S. 34) und aus dem Grunde auch mehrfach im Jüngeren Gebetbuch Maximilians (s. o.) angerufen wird. Eleonore bevorzugte den Namen Konstantin für den zukünftigen Rück-Eroberer von Konstantinopel. Schließlich einigten sich dann aber die Eltern auf den Namen Maximilian, den heiligen Bischof aus Norikum, der 284 den Märtyrertod in Cilly erlitt und damit als Schutzpatron der von den Türken bedrohten Stadt galt.

Durch seine Heirat mit Maria von Burgund wurde Maximilian Herr des Ordens vom Goldenen Vlies (Abb. S. 2, 34), dem 1430 von Philipp dem Guten, Herzog von Burgund (1419–1467; Abb. S. 35), gegründeten Orden, der der Erhaltung der ritterlichen Ordnung und dem Kampf gegen die „Heiden" dienen sollte.

In den Jahren nach 1469 drangen die Osmanen weiter vor, zunächst erschienen sie in Krain und erreichten 1473 und 1475 die Steiermark und Kärnten. Seit 1484 eroberten sie große Teile des Schwarzmeergebietes. Im Dezember 1486, unmittelbar nach der Erhebung Maximilians zum Römischen König, sandte Papst Innozenz VIII. (reg. 1484–1492) seine Legaten Gratian de Villanova und Raimund Peraudi zu Kaiser Friedrich III. und Maximilian, um sie für einen Kreuzzug zu gewinnen. Doch Friedrich war durch Streitigkeiten mit Matthias Corvinus im Osten verhindert, Maximilian durch die französisch-niederländischen Erbfolgekriege nach dem Tod seiner Gattin Maria von Burgund. Nach dem Waffenstillstand mit dem König von Frankreich und der Annäherung Friedrichs an Matthias Corvinus von Ungarn am Ende des Jahrzehnts waren die Zeichen für ein neues Engagement gegen die „Türken" (wie man das osmanische Reich und den Islam zeitgenössisch verkürzt bezeichnete) günstig.

1490 lud Papst Innozenz VIII. zum „Türkenzugskongress" nach Rom ein. Dazu stellte Maximilian in einer

Holzschnitt aus dem „Weißkunig": Maximilian und der Türkenkrieg, mit den türkischen Gräuel
Druckstock 1515, Abzug 1775. Kapitel 3, Tafel 141
Wien, Österreichische Nationalbibliothek

Denkschrift einen Angriff ganz Europas in drei Heeresblöcken vor, für den er sich selbst als Oberbefehlshaber sah. Das erste Heer sollten der Papst und die italienischen Staaten stellen, das zweite das Reich mit Polen und Ungarn und das dritte die Seemächte Frankreich, England und Spanien. Maximilian plante seinen Feldzug mit 15 000 Rittern und 80 000 Knechten. Die meisten Historiker halten diesen Plan für absolut unrealistisch. Nur der Maximilian-Biograph Hermann Wiesflecker hält daran fest und urteilte 1971, dass Maximilian 1490 als „der erfahrenste, schlagkräftigste und kühnste Feldherr seiner Zeit galt" (Bd. 1, S. 346), was eher der Selbststilisierung des Königs in seinem „Ruhmeswerk" entspricht als der realhistorischen Situation. Wie der Verlauf der Geschichte zeigte, waren für ihn aber die eher kleineren Kämpfe in Mitteleuropa vorrangig, wie der bretonische Krieg und die Kämpfe in Oberitalien. Die Osmanen ruhten allerdings nicht und überrannten unter Jacub Pascha 1493 mit 10 000 Mann ganz Kroatien.

In diesen Jahren kamen die ersten Flugblätter auf, die über die grausamen Taten der Türken mit furchterregenden Holzschnitten berichteten, dass sie nämlich ihren Feinden die Nasen abschneiden, sie bei lebendigem Leibe pfählen und schließlich die aufgespießten Köpfe der Gefallenen wie Trophäen vor sich her tragen würden. 1493 versuchte Maximilian vergeblich eine Truppe aufzustellen, um gemeinsam mit Wladislaw von Ungarn (reg. 1490–1516) gegen die feindlichen Heere vorzurücken. Um die Angriffe im Osten abzuwehren, rief er sogar den Reichstag 1498 als „gesamtchristlichen Türkenreichstag" ein, der aber Maximilians Wunsch erneut nicht entsprach, keine unmittelbare Gefahr konstatierte und einen Gegenangriff auf die nächsten Jahre verschob.

1499 vernichteten allerdings die Osmanen die venezianische Flotte und bedrohten damit Zentraleuropa. Zu Beginn des neuen Jahrhunderts verbündete sich Papst Alexander VI. (reg. 1492–1503) mit dem französischen König Ludwig XII. (reg. 1488–1515), den er zum Führer eines zukünftigen Kreuzzugs ernannte, ihm dafür aber erhebliche Gebietsversprechungen in Oberitalien machte.

Immer wieder hinderten Maximilian im Inneren kleinere Kämpfe, sich zu seinem großen Ziel zu bekennen. Im Jahr 1504/05 war es der bayerische Erbfolgekrieg, den Maximilian zu einer Vorstufe des großen nachfolgenden Krieges stilisierte. An dessem siegreichen Ende kündigte er auf dem Kölner Reichstag einen neuerlichen Kreuzzug an, der ihm aber wiederum von den Ständen verweigert wurde.

Im dritten Teil des *Weißkunig* berichtet Maximilian von den Kriegen seiner Herrschaftszeit, darunter auch über die Kroatenschlacht von 1493. Der Holzschnitt 141 illustriert detailverliebt die Grausamkeiten der Türken, wie sie in

Daniel Hopfer, **Maximilian I. als Heiliger Georg**, um 1518–1520
Radierung, 22 × 15,5 cm
Innsbruck, Universitätsbibliothek, Sammlung Roschmann,
Band 1, Blatt 100

Cronicke van Vlaenderen,
letztes Viertel des 15. Jahrhunderts
Fol. 411v: Aufnahme von Maximilian in den Orden
vom Goldenen Vlies
Brügge, Openbare Bibliotheek, Ms. 437

Philipp der Gute, Herzog von Burgund (Miniaturporträt), o. J.
Öl auf Papier, 13,5 x 10 cm
Wien, Kunsthistorisches Museum, Münzkabinett, Tafel H 222
Porträtsammlung Erzherzog Ferdinands II. von Tirol

Bernhard Strigel, **Kaiser Maximilian I.**, um 1510/15
Öltempera auf Holz. Privatbesitz

zeitgenössischen Flugschriften immer wieder geschildert wurden (Abb. S. 33): Die Gefallenen werden von türkischen Pferden niedergetrampelt, einer der Angreifer hält den eben abgeschlagenen Kopf eines Kroaten in die Höhe, aus dessen Wunden noch das Blut strömt. Die berittenen Türken sind mit Lanzen, Schwertern und Messern bewaffnet und schneiden den noch lebenden Kroaten die Nasen ab. Die türkischen Reiter im Hintergrund tragen die aufgespießten Köpfe der Getöteten auf ihren Lanzen.

Der zum Dichter gekrönte Humanist Riccardus Bartholinus (s. o.) schaltete sich mit einer „Türkenrede" auf dem Augsburger Reichstag 1518 in die Diskussion ein. Er rief darin zur Einheit der Christenheit auf und forderte mit theologischen und juristischen Argumenten ein *bellum iustum* gegen die Ungläubigen, da sie ruchlos Kirchen und Altäre niederbrennen würden. Er schloss sich damit früheren Argumentationen von Enea Silvio Piccolomini an, der schon 1454 auf dem Frankfurter Fürstentag wegen der Gefahr für *Religio* und *Imperium* von einem „gerechten Krieg" gegen die Türken gesprochen hatte.

Auch im *Theuerdank* steht neben der Brautfahrt Maximilians die Kreuzzugsidee im Mittelpunkt. Mit der Beendigung der Minnefahrt im 113. Kapitel wird der Türkenfeldzug thematisiert und von der Braut Ehrenreich gefordert:

„Nun wißt ihr selber wohl, Dass mehr
Gehört zu eim Ritter auserkorn,
Der billich führen will gelb Sporn,

Dass der beschützt Christenglauben [...].
Die ungläubigen Feindt Jesu Christ
Wern weit in unser Land genist,
Erschlagen manchen Christenmann
Und darzu viel Stedt gewunnen an.
Wider den wollt wir tun ein Zug."

In der darauffolgenden Nacht wird Theuerdank von einem Engel aufgesucht, der ihm rät, die Forderung der Königin zu erfüllen:

„Den Lohn bei Gott im Himmelreich,
Müsst Ihr verdienen auf Erdreich [...]
Helft den armen Christen allen,
Führt wider ihre Feindt den Streit,
Gott Euch darzu Glück und Sieg geit [...]"

In den letzten Kapiteln des Versepos werden die alten Kreuzzugsideale wieder wachgerufen, und Theuerdank/Maximilian erklärt sich dazu bereit, den Kampf gegen die Feinde der Christenheit aufzunehmen. Somit wird der Roman nicht mit der geglückten Brautwerbung abgeschlossen, sondern soll im Triumph gegen die Türken enden.

Das Epos des „letzten Ritters" Theuerdank

Das Epos *Theuerdank* berichtet von einer entscheidenden Lebensphase Maximilians, der Brautwerbung und der Eheschließung mit Maria von Burgund, und von seinen großen Plänen um einen Kreuzzug gegen die Ungläubigen.

Am 6. Mai hatte Karl der Kühne von Burgund seine Tochter Maria (Abb. S. 38) in einer Urkunde für Friedrich III. feierlich dem Kaisersohn Maximilian versprochen (Abb. S. 40), der am 21. Mai 1477 nach dem unerwarteten Tod Karls in der Schlacht von Nancy (5. Januar 1477) zu einer triumphalen Brautfahrt aufbrach – zu deren Finanzierung Kaiser Friedrich III. allerdings verschiedene Burgen verpfänden musste. Auf Anordnung des Kaisers schlossen sich in Augsburg und Frankfurt zahlreiche Fürsten an, so dass im Juli in Köln das Gefolge bereits auf 800 Personen angewachsen war. Erst ein Vorschuss auf die Mitgift von angeblich 100 000 Gulden von Seiten Marias ermöglichte den Weiterzug mit 1 200 Begleitern Richtung Aachen. Am 18. August 1478 erreichte Maximilian im mit Gold verzierten Harnisch, auf einem Schimmel reitend, unter dem Jubel der Bevölkerung Gent.

Der burgundische Geschichtsschreiber Jean Molinet (um 1435–1507) kommentiert in seinen *Chroniques* die erste Begegnung: *Et si parfaite liesse fut oncques logie en cœur de léal amant, elle fut trouvée ce jour en l'assamblement de ces deux jouvenceaus* – „Wenn je vollkommene Zuneigung in den Herzen wahrhaft Liebender zu finden war, dann an jenem Tage in der Verbindung dieser beiden jungen Menschen". In der *Cronicke can Vlaenderen* ist mit der symbolischen Überreichung einer roten Nelke dieses Verlöbnis festgehalten worden (Abb. S. 39 rechts). Bereits am nächsten Tag wurde die Trauung durch den päpstlichen Legaten Bischof Giuliano di Ostia wie allgemein üblich vor der Tür der Kapelle vorgenommen (Abb. S. 39 links) und Maximilian im Heiratsvertrag zum Erben des reichen Burgund eingesetzt. Die deutschen und französischen Chronisten berichten weiter, dass am gleichen Abend das Beilager vollzogen und damit die Eheschließung rechtlich gültig wurde.

Die nächsten zehn Jahre verbrachte Maximilian in den Niederlanden; diese Jahre waren geprägt durch die ständige Auseinandersetzung mit Frankreich von außen und durch die Rebellion der Stände im Inneren; die Bedrohung des Reiches durch die Türken von Süden und Osten belasteten diese Jahre zusätzlich. Maximilian erlebte nach eigenem Bekunden aber einige der erfülltesten privaten Jahre, in denen auch seine Kinder Philipp der Schöne (1478), Margarete (1480) und Franz (geb. 2.9., gest. 26.12. 1481) geboren wurden.

Der plötzliche Tod seiner Gattin Maria nach einem Sturz vom Pferd am 27. März 1482 wurde für Maximilian nicht nur zu einem schweren persönlichen Schicksalsschlag, auch seine Position gegenüber den niederländischen Ständen wurde nachhaltig geschwächt. Die Kämpfe gegen Brügge und Gent kumulierten in der Gefangennahme Maximilians in Brügge von Februar bis Mai 1489. Maximilian konnte im Oktober einen Friedensschluss mit den flandrischen Städten erreichen und daraufhin zu seinem Vater nach Innsbruck zurückkehren.

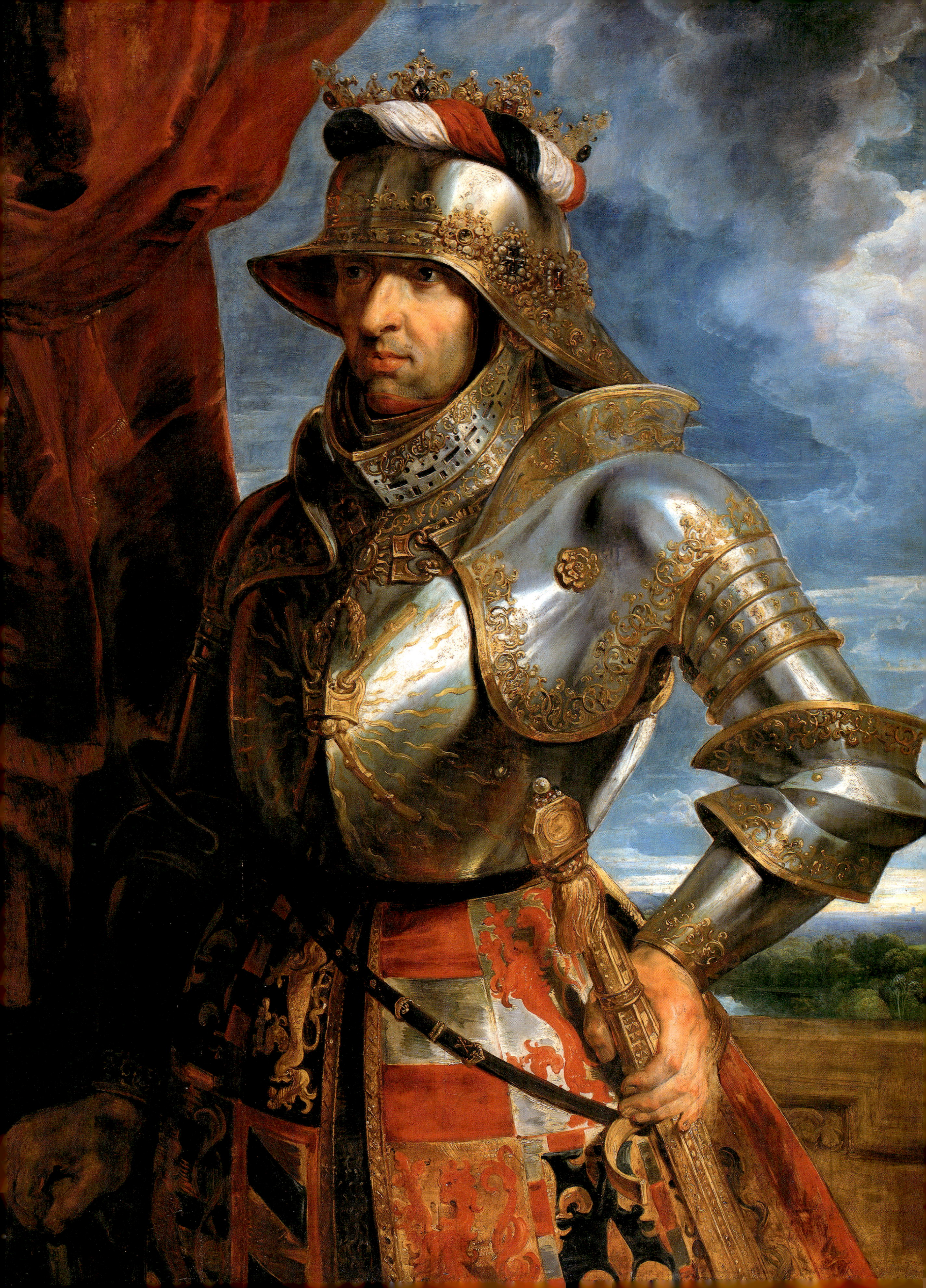

Niclas Reiser (?), **Profilbildnis der Maria von Burgund**, um 1500
Öl auf Holz, 75,5 x 54,5 cm
Wien, Kunsthistorisches Museum

Seite 37:
Peter Paul Rubens, **Maximilian I.** (Idealbildnis), um 1618
Öl auf Eichenholz, 140,5 x 101,5 cm
Wien, Kunsthistorisches Museum

Im einzigen zu Maximilians Lebzeiten fertig gestellten Buch, dem *Theuerdank,* versucht er in „Form, Maß und Weis der Heldenbücher" (Propst Melchior Pfinzing in seiner programmatischen Vorrede) die Tradition mittelalterlicher Heldenbücher (der Terminus bleibt bewusst unscharf und knüpft an Ritterepen ebenso an wie an höfische Romane) mit den bewährten Erzählelementen wie Brautwerbung, Ritterturniere etc. die Erringung von „weltlicher Ehre und göttlicher Hulde" zu imitieren. Die Stilisierung des eigenen Lebens im mittelalterlichen Gewande brachte ihm schon zeitgenössisch den Titel des „letzten Ritters" (Abb. S. 37) ein.

In den 118 Kapiteln des *Theuerdank* geht es um vier große Themen:
- um Maximilians Werbung um Maria von Burgund (der klassische plot des Brautwerbungsschemas),
- um gefährliche Situationen, in die er im Laufe seines Lebens geriet, angefangen von Jagden, Turnieren, gewöhnlichen Unfällen bis hin zu kühnen Taten im Krieg,
- um die Auseinandersetzung mit der ständischen Opposition der Niederlande
- und schließlich um den unausgeführten Plan eines Kreuzzuges gegen die Ungläubigen, angesichts der türkischen Bedrohung eine der Konstanten in Maximilians Außenpolitik.

Dem chronologischen Verlauf, mit dem ersten Ziel der Eheschließung und dem zweiten des Türkenkreuzzuges stehen drei Gegner Maximilians als literarische Widerparts gegenüber: „Fürwittig", „Unfalo" und „Neidelhart", die für den Fürwitz, die Unfallgefahr und den Neid stehen. Begleiter Maximilians ist ein „Ehrenhold", der als Erzähler und auch als Gewährsmann für die ruhmreichen Taten fungiert.

Die einzelnen „Aventiuren" stehen nur in lockerem Zusammenhang mit der Brautwerbung, deren Telos, die Erringung der „edlen frouwe" entgegen dem klassischen Schema bereits in den ersten Kapiteln vorweggenommen wird; dort wird auch der eigentliche Zweck der Reise, die Erringung weltlicher und göttlicher Ehre, vorhergesagt:

*„Ewig eer sey der tugennd lohn
Vnnd wird zuletzt mit reicher Cron
Begabet von dem höchsten Got."*
(XI, Vers 45-7)

Im 116. von 118 Kapiteln wird das erste Ziel Maximilians, die Eheschließung, erreicht. Um jetzt aber doch noch die göttliche Ehre zu erlangen, beschließt er, das Heilige Land von den Ungläubigen zu befreien. Nicht unerwartet bleiben die nachfolgenden drei Seiten leer, damit jeder Leser die glückliche Erfüllung seiner Lebensaufgabe nachtragen kann, wenn sie denn erreicht ist. Insofern fehlt das Telos der Erzählung, nämlich der wirkliche Abschluss des Lebenswerkes.

In der vorliegenden Ausgabe der Bayerischen Staatsbibliothek in München wurde das fehlende 117. Kapitel handschriftlich nachgetragen. Zwar kann dieser Text nicht über den wirklich stattgefundenen Kreuzzug berichten, aber er erzählt von weiteren Schäden, die die Türken im Reich anrichteten, von ihren beträchtlichen Gebietserweiterungen und ihrer alles vernichtenden Kraft. Theuerdank geht den Weg, den Papst um Hilfe zu bitten, der daraufhin die christlichen Mächte zum Kreuzzug aufruft, denn nur ein großes Heer hätte die Macht, die „türkische Gier" im nächsten Sommer aufzuhalten. Allerdings kann der Schreiber auch nicht berichten, ob die päpstlichen Boten erfolgreich waren, aber er nimmt an, dass der Ruf nicht ungehört verhallte und die Herzen sich bewegen ließen und „helfen fürnehmen den Zug", doch, und so muss er dann konstatieren, „das steht in einem anderen Buch".

Der letzte Holzschnitt zeigt Theuerdank/Maximilian allerdings als Bezwinger des Glücksrads, das unter anderem durch die zusammengelegten 14 Schwerter symbolisiert wird. Wem es gelingt, selbst gegen Naturkatastrophen anzukämpfen und mit Weisheit und Geschick sich das Leben untertan zu machen, kann wahrlich auch als Bezwinger der Fortuna angesehen werden.

Die beigegebene *Clavis* („Schlüssel") des wichtigsten Bearbeiters, Probst Melchior Pfinzing aus Nürnberg (1481–1535; Abb. S. 46), entschlüsselt die sprechenden Namen („Ehrenreich" für Maria von Burgund, „Romreich" für den ruhmreichen Vater Karl den Kühnen, „Theuerdank" für den Abenteuer suchenden, „teuren" Helden Maximilian, etc.) und die hinter den stereotypen Hand-

Albrecht Altdorfer & Georg Lemberger, **Triumphzug**, 1516
Kaiser Maximilians Heirat mit der Erbtochter von Burgund
Aquarell- und Deckfarbenmalerei auf Pergament, 45,5 x 31,2 cm
Wien, Graphische Sammlung Albertina

Cronicke van Vlaenderen, letztes Viertel des 15. Jahrhunderts
Fol. 335v: Begegnung zwischen Maria und Maximilian:
Überreichung der roten Nelke als Zeichen des Verlöbnisses
Brügge, Openbare Bibliotheek, Ms. 437

lungsverläufen versteckten historischen Ereignisse, die Gefechte, Jagdabenteuer, Naturkatastrophen und Krankheiten. Pfinzing stellt lose Verbindungen zu entsprechenden Schilderungen im *Weißkunig* her: „Bedeut die Geschicht, begangen in einem Streit, wie im blanck Kunig steht (89)" oder erkennt die Episode als Fiktion: „Ist poetisch gestellt (24)". Als Grund für die Verschlüsselungen wird von Pfinzing die literarische Tradition der Heldenbücher angeführt, ferner die Gefahr, dass es bei den noch lebenden Mitwirkenden zu Missverständnissen über ihre Rolle kommen könnte und schließlich die Ansicht vertreten, dass es dem „gemainen mann nit not sey, den grundt zuversteen". Die Exklusivität der Literatur wird auch durch die Entschlüsselung in der *clavis* bewahrt, denn nur der Eingeweihte ahnte, dass mit „H. C. V. B." der Herzog Carl von Burgund gemeint war.

Ehrenhold begleitet den Helden durch die 80 Gefährlichkeiten, welche die drei Gegenspieler mit den sprechenden Namen „Fürwittig", „Unfalo" und „Neidelhart" böswillig für ihn inszeniert haben. Äußerlich stehen diese drei Hauptleute für die ständische Opposition in den Niederlanden; Pfinzing reklamiert sie als eine Allegorie der drei Lebensalter: Fürwitz für die Jugend, Unfallgefahr für die Zeit der größten Aktivität im besten Mannesalter, Neid für die Phase des Alters und des Erfolges. Da im Epos selbst keine Entwicklung und Alterung Theuerdanks oder der Hauptleute zu erkennen ist und die Ikonographie diese Interpretation nicht mitträgt, könnte Theuerdank vielleicht als vorbildlicher Bezwinger dieser allgemeinen Gefährdungen eines jeden Menschen verstanden werden. Theuerdank meistert alle Gefahren, selbst Naturkatastrophen und Krankheiten, durch Besonnenheit, Weisheit und Tapferkeit. Der Vollzug der Ehe wird nach literarischem Vorbild bis nach der Eroberung des Heiligen Landes und der damit verbundenen Erringung göttlicher Hulde ausgesetzt. Der „Beschluss dieser History" feiert Theuerdank dennoch als den von Gott begnadeten absoluten Sieger.

Die Tradition der „Heldenbücher" wird im Text und in den Beigaben Pfinzings immer wieder betont; es handelt sich um eine nur vage bestimmte Mischgattung, wie sie etwa das von Maximilian geförderte *Ambraser Heldenbuch* repräsentiert, das Hartmann von der Aues *Erec* und *Iwein*, *Kudrun* und *Dietrichepik, Biterwolf, Stricker, Meier Helmbrecht, Moriz von Craun,* Ulrich von Liechtensteins *Frauenbuch* und Wolfram von Eschenbachs *Titurel-Fragment* enthält. Neben dem historischen Aspekt der heroischen und höfischen Epik tritt beim *Theuerdank* deutlich der historiographische Gesichtspunkt, den Pfinzing in seiner Prosa-Einleitung für den Enkel und künftigen Thronerben Karl betont, dem er unterstellt, „begierig" die „alten Geschichten und teuerlichen Taten" zu vernehmen, um ihnen künftig nachzufolgen. Dieses Buch sei geschrieben, um ihm zum Ergötzen, zum Nutzen und zur Lehre zu dienen. „Heldenbuch" meint also nicht nur die literarische Tradition, sondern ein Erzählmuster, in dem es möglich wird, historische Tatsachen (Pfinzing betont die eigene Augenzeugenschaft

Hans Burgkmair, Holzschnitt aus dem „Weißkunig":
Karl der Kühne und Maria von Burgund
Druckstock 1515, Abzug 1775
Wien, Österreichische Nationalbibliothek

beziehungsweise die glaubwürdigen Zeugen) angemessen der Nachwelt zu vermitteln, das heißt Formen der Vergangenheit zu benutzen, um für die Zukunft zu wirken. Der „letzte Ritter" wird gleichzeitig zum „ersten modernen Fürsten", der seine Herrschaft legitimiert und archiviert.

Der Augsburger Drucker Johann Schönsperger der Ältere (um 1455–1521; seit 1508 kaiserlicher Buchdrucker) druckte 1517 circa 40 Pergament- und 300 Papierexemplare des *Theuerdank* im Folio-Format mit einer eigens von Vinzenz Rockner geschaffenen, an den Handschriften orientierten Type mit Schreibmeisterschnörkeln. Die stark herausgehobenen, kalligraphischen Großbuchstaben lernte Maximilian vermutlich durch seinen Schreibmeister Wolfgang Spitzweg kennen, der seit 1442 an der Kanzlei Friedrichs III. beschäftigt war. Verschiedene Lehrbücher Maximilians, unter anderem ein *Cisioianus* von Spitzweg, sowie eine Grammatik des Aelius Donatus werden als Vorbild gedient haben (Abb. S. 49). Um den Handschriftencharakter zu imitieren wurden von einigen Kleinbuchstaben und den meisten Versalien unterschiedliche Formen verwendet, von D, E, J oder M gibt es jeweils mehr als acht Formen (Abb. S. 51). Die Initialen und Schnörkel der Ober- und Unterlängen wurden gesondert angesetzt und nicht mit Metalltypen, sondern vom Holzstock gedruckt, so dass sie etwas fetter wirken, da das Holz die Druckerfarbe stärker annimmt und überträgt. Typische Ausbrüche bei den Schnörkeln verweisen zudem auf den Holzschnitt. Die Typen schnitt wahrscheinlich der Holzschneider Jost de Negker (um 1485–um 1544), der gerade auf Vermittlung Conrad Peutingers (1465–1547) aus Antwerpen nach Augsburg gekommen war und auch die meisten der 118 Holzschnitte schnitt, darunter Vorzeichnungen von Leonhard Beck (77), Hans Burgkmair dem Älteren (13) und Hans Schäufelein (20). Weitere Ausgaben erschienen unter anderem 1519 und 1537 in Augsburg sowie in Überarbeitung durch Burkard Waldis bei Egenolff in Frankfurt seit 1553 (Abb. S. 41, nach dem Exemplar des Germanischen Nationalmuseums Nürnberg). Die Buchdruckerkunst war beim *Theuerdank* von Maximilian nicht wegen ihrer einfachen Vervielfältigungsmöglichkeit gewählt worden, sondern um ein möglichst gleichmäßiges und elegantes Satzbild zu erreichen und damit die Exklusivität zu erhöhen (vgl. unten die Ausführungen zur Entstehung der Theuerdanktype und den Buchkünstlern).

Der nur in einer kleinen, exklusiven Auflage hergestellte *Theuerdank* durfte erst nach dem Tod Maximilians 1519 verbreitet werden. Es wird mehrfach berichtet, dass Maximilian einige Exemplare stets in seinem Hoftross mitnahm, und zwar in einem Sarg, den er als „memento mori"-Zeichen mit sich führte. Es wurde festgelegt, dass er selbst nach seinem Tod in diesen Sarg gelegt und dann die Erinnerung an seine Taten, sein Versepos *Theuerdank*, herausgenommen und für die Nachwelt verbreitet werden sollte.

Auf Wunsch Maximilians übertrug der italienische Humanist Richardus Sbrulius (um 1480–nach 1525) den *Theuerdank* in ein lateinisches *Carmen heroicum*; er bemühte sich um eine allegorische Überhöhung der im Kern historischen Geschehnisse der deutschen Vorlage. Schon die additive Reihung der unverbundenen Episoden verträgt sich aber nicht mit dem geschlossenen Aufbau eines klassischen Epos. Sbrulius' *Magnanimus* blieb daher unvollständig und ist nur handschriftlich in Wien überliefert (Autograph des Sbrulius, ÖNB Wien, Cod. Vind. 9976). Lediglich die Einleitung, die Fürwittig- und die Unfalo-Abenteuer liegen übersetzt vor; die Namen wurden nur oberflächlich latinisiert („Romricus", „Ehrenrica", „Theuerdankus", „Infoelix"), und mit Ausnahme des Proömiums hielt sich Sbrulius strikt an die Vorlage. Dabei versuchte er nach Möglichkeit, Beispiele der antiken Mythologie an geeigneten Stellen einzuschieben. Die Darstellung entfernte sich noch weiter von ihrem realen historischen Hintergrund und wurde zu einer „erklärungsbedürftigen Kuriosität" (Jan Dirk Müller). Es wäre zu fragen, ob es letztlich überhaupt hätte gelingen können, ein „Heldenbuch" wie den *Theuerdank*, in dem unterschiedliche Versatzstücke dieser Mischgattung wie Brautwerbungsschema, Aventiurefahrt und anderes enthalten sind, unbeschadet in ein *Carmen heroicum* zu übertragen, dessen Eigengesetzlichkeiten mit der Vorlage nicht zu vereinbaren sind.

Titelblatt der überarbeiteten Auflage des „Theuerdank"
von Burkard Waldis bei Egenolff in Frankfurt, 1553
Nürnberg, Germanisches Nationalmuseum, Bibl. N 681

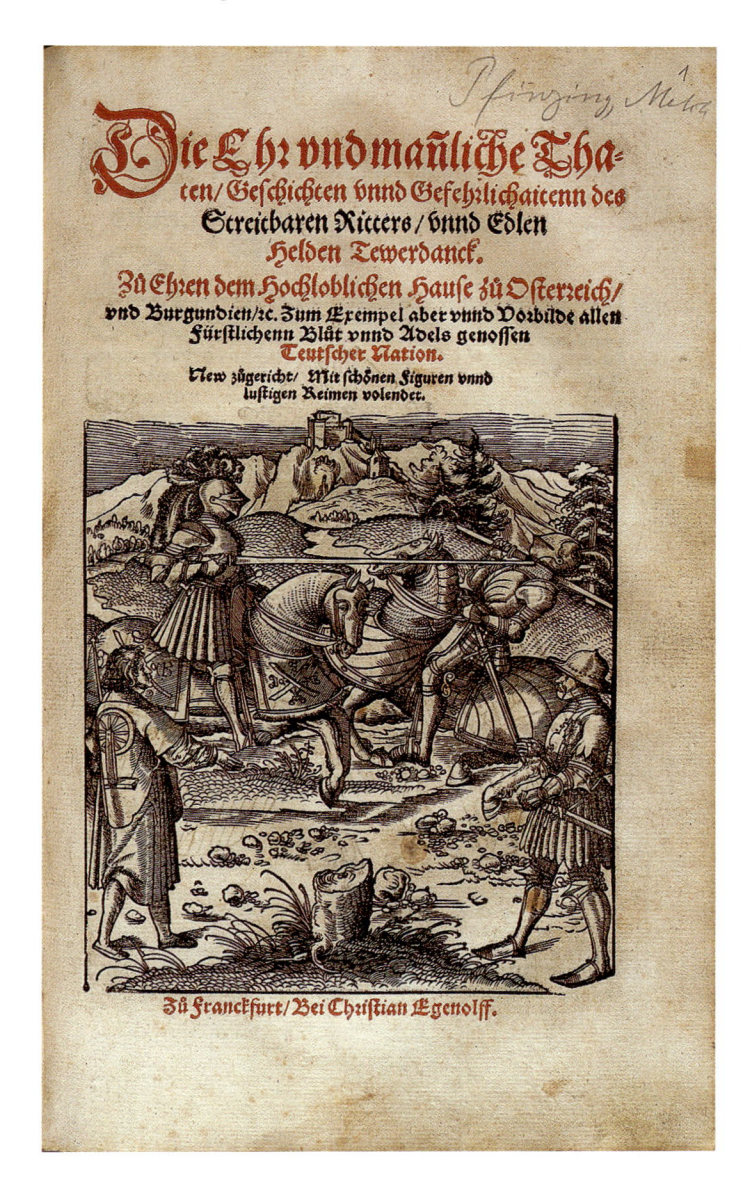

Künstler und Redakteure des „Theuerdank"

Bei den ersten Planungen zum *Theuerdank* um 1500 war vorgesehen, das Thema der Brautwerbungsfahrt zu Maria von Burgund in den *Weißkunig* zu integrieren. Erst ab 1510 finden sich Zeugnisse, die eine separate Publikation vorsehen. An der Text- und Bildherstellung des *Theuerdank* waren verschiedene Hände beteiligt: Durch die Archivalien in der Österreichischen Nationalbibliothek können wir mindestens vier Redakteure und mindestens drei Bildkünstler ermitteln. Die Konzeption und die inhaltliche Überwachung, auch aller Details, geht offensichtlich auf Kaiser Maximilian selbst zurück. Man kann mit hoher Wahrscheinlichkeit davon ausgehen, dass selbst die inhaltliche Ausrichtung einzelner Kapitel und ihre bildliche Umsetzung von Maximilian angeregt und in weiten Teilen überprüft wurde. Die Textzusammenstellung selbst geht auf eine Gemeinschaftsarbeit zurück. Da Kaiser Maximilian I. am 14. Oktober 1512 seinem Silberkämmerer Siegmund von Dietrichstein (1484–1563) den Auftrag erteilt, die Partie des *Theuerdank*, die sich mit den Neidelhart-Episoden beschäftigt, „in derselben Weise herzurichten wie den Unfalo", können wir davon ausgehen, dass Dietrichstein mindestens zwei Drittel des bis zu diesem Termin vorliegenden Manuskriptes grundlegend überarbeitete.

Diese Redaktionsarbeit ist im Manuskript Codex Vind. 2889 dokumentiert, in zwei weiteren Manuskripten (Cod. Vind. 2867 und 2806) ist ersichtlich, dass Marx Treitzsauerwein redaktionelle Arbeiten vorgenommen hat. Da Treitzsauerwein am 11. Juni 1514 ein „Gnadengeschenk" für die am *Theuerdank* vorgenommene redaktionelle Tätigkeit überreicht wurde, kann man davon ausgehen, dass dies auch der Übergabezeitpunkt des vollständig zusammengeführten Manuskriptes, inklusive der Einbindung der Abbildungen, an den mit der Endredaktion beauftragten Probst Melchior Pfinzing (Abb. S. 46) in Nürnberg war. Dies passt mit einer anderen Notiz zusammen, da Marx Treitzsauerwein am Ende des Manuskriptes vom *Weißkunig* bemerkt, dass er die Arbeit daran von Johanni (24. Juni) bis Weihnachten 1514 durchgeführt habe. Simon Laschitzer spricht bei der Herausgabe seines „photomechanischen Nachdrucks" des *Theuerdank* 1888 in seiner grundlegenden Einleitung davon, dass man sich die Herstellung des *Theuerdank* als eine „Compagnie-Arbeit" vorstellen muss. Pfinzing verdanken wir die einheitliche Gestaltung der Verse für die Druckversion.

Im Codex Vind. 2833 der Österreichischen Nationalbibliothek haben sich auch die Probedrucke der Holzschnitte mit einer alten Nummerierung erhalten, die mit einiger Wahrscheinlichkeit auf die Hand Maximilians selbst zurückgeht. Von seiner Hand werden auch einige Notizen sein, die sich auf die Reihenfolge der Bilder beziehen. Immerhin 101 Blätter der Holzschnitte sind abgebildet, es fehlen also nur noch 17, von fünf der fehlenden Holzschnitte sind Federskizzen eingetragen.

Holzschnitt zu Kapitel 13 des „Theuerdank"
von Hans Schäufelein (Monogramm unten Mitte),
von Leonhard Beck geändert
Korrigierte Druckausgabe von 1517

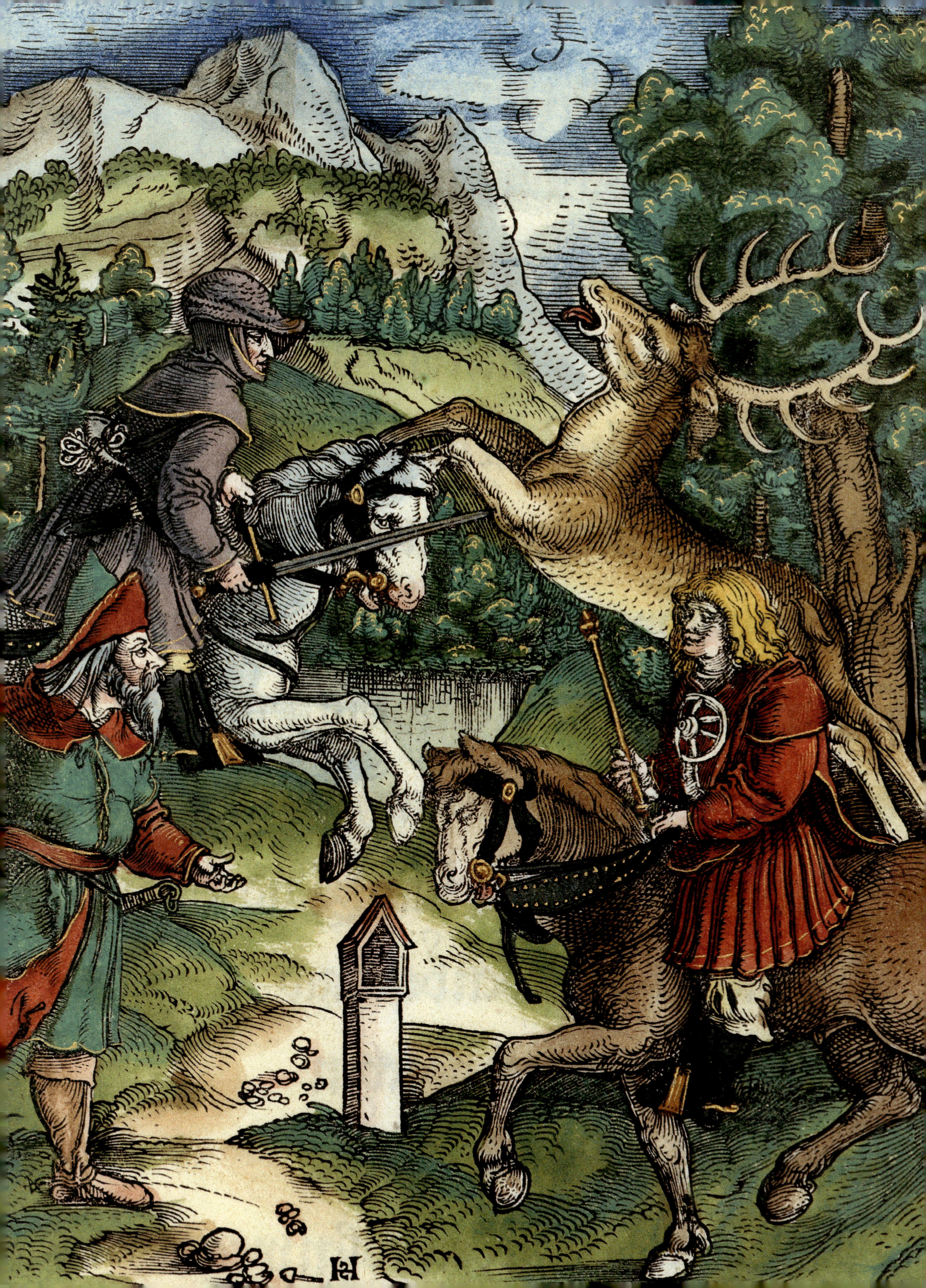

Holzschnitt zu Kapitel 118 des „Theuerdank"
in der ursprünglichen Fassung mit dem fälschlich
platzierten Hauptmann rechts oben
Wien, Österreichische Nationalbibliothek, Cod. 2833

Holzschnitt zu Kapitel 118 des „Theuerdank"
von Hans Burgkmair, von Leonhard Beck geändert
Korrigierte Druckausgabe von 1517

Simon Laschitzer, dessen Analysen grosso modo bis heute nicht widersprochen wurden, verdanken wir die erste Zuschreibung der 118 Holzschnitte an drei Hauptmeister. Wie beim Text handelt es sich auch hier um Vorlagen von verschiedenen Händen, die zum Teil von dem Hauptmeister Leonhard Beck überarbeitet und angepasst wurden. Dass bei einer ersten Betrachtung die Holzschnitte eine einheitliche Wirkung erzeugen, liegt sicherlich daran, dass sie ein gleich bleibendes Format von circa 15,8 x 13,8 cm aufweisen, einen gleichmäßigen grauen Grundton haben, der in den nicht-kolorierten Exemplaren gut zu ersehen ist, und eine gleich bleibende Dreigliedrigkeit des Bildaufbaus zeigen, die sich um Theuerdank, den Ehrenhold und einen der drei beteiligten Hauptleute gruppiert.

Bei der Ermittlung der Vorzeichner für den Holzschnitt hat Laschitzer zunächst die erhaltenen Signaturen ausgewertet. Bei den Holzschnitten Nr. 13, 30, 39, 42, 48, 58, 69 und 70 findet sich die Signatur HS, die von Hans Leonhard Schäufelein stammt. Er wurde um das Jahr 1482 in Nördlingen oder Nürnberg, nach einigen Vermutungen auch in Augsburg, geboren. Die neuere Forschung spricht nicht mehr davon, dass Schäufelein bei Albrecht Dürer in die Lehre gegangen ist (Metzger, Schäufelein 2002), doch kam er als etwa 20-Jähriger 1503, zeitgleich mit Hans Baldung Grien (um 1484/85–1545), nach Nürnberg und arbeitete als Geselle in der Werkstatt Dürers.

In den nachfolgenden Jahren orientierte sich Schäufelein in seinen Gemälden motivisch und stilistisch an Dürer, auch scheint seine Auseinandersetzung mit dem Humanismus im Umfeld von Dürer und dem Augsburger Humanisten Conrad Peutinger entwickelt worden zu sein. Da Peutinger vielfältig den „wissenschaftlichen Dienst" für die literarischen und künstlerischen Aufgaben Maximilians besorgte, wird durch ihn auch Schäufeleins Beauftragung mit den Holzschnitten für den *Theuerdank* erfolgt sein. Ebenso denkbar ist natürlich auch eine Vermittlung durch Dürer, der vielfaltig an dem „Ruhmeswerk" Maximilians beteiligt war.

Schäufelein ist ab Oktober 1512 urkundlich in Augsburg belegt, bis er sich 1515 in Nördlingen niederließ und eine eigene Werkstatt gründete. Seine eigentliche Bedeutung liegt in seinen Gemälden und Altartafeln, die vielfältig Motive der christlichen ikonographischen Tradition thematisieren, Gedanken und Impulse des Humanismus aufnehmen und schließlich auch Ideen der Reformation integrieren. Simon Laschitzer hat aufgrund von charakteristischen Merkmalen der durch Signaturen eindeutig nachgewiesenen Holzschnitte versucht, Schäufelein weitere Holzschnitte zuzuordnen, nämlich die Illustrationen zu den Kapiteln 10, 16, 21, 26, 32, 45, 46, 50, 57, 72, 87 und 105. Seine Charakteristika lassen sich am Beispiel des signierten Holzschnittes zu Kapitel 13 (Abb. S. 43) mit der Hirschjagd Theuerdanks demonstrieren: Schäufelein zeichnet kräftige und gedrungene, mittelgroße Figuren in lebhafter Bewegung mit runden Gesichtern und markanten Backenknochen (vgl. Ehrenhold). Die Pferde sind immer in einer ähnlichen Haltung mit im Lauf erhobenen Vorderhufen zu sehen, die Landschaften im Hintergrund stellt er detailreich und ausgeprägt dar. Seine Schraffierungen schaffen eine lebendige und bewegte Wiedergabe der Laubbäume, dagegen ist der Vordergrund in aller Regel frei. Gerade bei einem solchen mehrszenigen Holzschnitt wird seine perspektivische Leistung offenbar, in der er Beck deutlich überlegen ist.

Zur Mitarbeit von Schäufelein liegt uns ein Dokument aus dem Stadtarchiv Augsburg (Autographensammlung Nr. 16) vor, das eine der typischen Schwierigkeiten der Künstler und Sekretäre Maximilians zeigt: die oft sehr nachlässige oder fehlende Bezahlung. In diesem Schreiben setzt der Formschneider Jost de Negker Kaiser Maximilian über die Klagen von Hans Schäufelin in Kenntnis, dass ihm der Drucker Johann Schönsperger noch nicht den Lohn für die geleisteten Arbeiten ausbezahlt habe: „Ich bin von dem Reysser oder Maller Hanns Scheyffelin angeruofft vnnd gepetten worden, Nachdem Vnnd Er auß bevelh Schonnßperger figuren Reiß oder Enntwerff vnd sein sold darumb von Ime einnem vnnd empfache vnnd was er also arbait vnnd berait konnd Er von Ime Schonßperger kain bezallung furderlich bekomen." De Negker bittet daher den Kaiser, dass er ihm den Sold über Conrad Peutinger zuleiten lassen solle. Für je drei Illustrationen soll er zwei Gulden erhalten. Da es sich dabei insgesamt ja nur um 14 Gulden handelte, hat Laschitzer schon die Überlegung angestellt, ob dies nicht eine zu geringe Summe gewesen sei, um den Kaiser selbst mit einem Mahnschreiben zu behelligen. Die daraus gezogene Schlussfolgerung, dass Schäufelein noch weitere Arbeiten für den *Theuerdank* erstellt habe, lässt sich aber zumindest aufgrund der charakteristischen Stilistika nicht belegen.

Ebenfalls von Conrad Peutinger wird auch der zweite Künstler, Hans Burgkmair (Abb. S. 46), beauftragt worden sein. Er war als Grafiker und Buchillustrator, aber auch in der Glasmalerei, der Bildhauerei, als Entwerfer von Medaillen und als Maler tätig (Abb. S. 47). Seit 1501 unterhielt er eine eigene Werkstatt mit drei Lehrlingen; bereits auf dem Reichstag in Augsburg 1500 trat er in Kontakt zu Maximilian, der ihn mehrfach auszeichnete, unter anderem 1516 mit einem eigenen Wappen. Burgkmair war der Hauptmeister des *Weißkunig*, für den er 118 Holzschnitte entwarf. Er stellte auch 91 Holzschnitte der *Genealogie* Maximilians (1512) her und für den *Theuerdank* wohl 13 Schnitte: Illustrationen zu den Kapiteln 22, 36, 44, 47, 49, 61, 63, 102, 109, 113, 114, 115 und 118. Wenn man Burgkmairs Arbeiten für den *Weißkunig* betrachtet (vgl. exemplarisch Bild 113), kann man feststellen, dass seine Figuren größer als bei den anderen Holzschneidern sind, meist schlank und wohlproportioniert. Frauen und Jünglinge haben runde Gesichter, die Gewandfalten sind als Linien dargestellt, die in kleinen Häkchen enden. Burgkmair legt besonderen Wert auf die detailreiche Ausgestaltung der Gesichter. Die Haare sind eher glatt und ähneln Perücken. Gern zeichnet er Schnurrbärte, die nach oben weisen. Im Unterschied zu Beck gelingt ihm eine bessere Perspektive.

Im Kapitel 118 ist ihm allerdings ein Fauxpas passiert, da er den bereits hingerichteten Hauptmann Neidelhart noch einmal dargestellt hat. Aus dem bereits erwähnten Exemplar mit den Andrucken in der Österreichischen Nationalbibliothek Cod. Vind. 2833 (Abb. S. 44 links) können wir noch diesen ursprünglichen Holzschnitt ersehen. Leonhard Beck überarbeitete viele der Holzschnitte, im Holzschnitt 118 entfernte er den Neidelhart und ersetzte ihn durch ein Gebüsch (Abb. S. 44 rechts). Ebenfalls korrigierte Beck Burgkmairs Illustration zu Kapitel 49, in der Theuerdank durch Steinschlag in Gefahr gerät. Während

Holzschnitt zu Kapitel 49 des „Theuerdank"
in der ursprünglichen Fassung
Wien, Österreichische Nationalbibliothek, Cod. 2833

Holzschnitt zu Kapitel 49 des „Theuerdank"
von Hans Burgkmair, von Leonhard Beck geändert
Korrigierte Druckausgabe von 1517

Seite 47:
Hans Burgkmair, **Kaiser Maximilian I. zu Pferd**, 1518
Holzschnitt mit rotbrauner Tonplatte von Jost de Negker, 30,5 x 22,4 cm
Berlin, Staatliche Museen zu Berlin – Preußischer Kulturbesitz, Kupferstichkabinett

Maximilian Franck, **Hans Burgkmair**, 1813
Kreidelithographie nach Selbstbildnis von 1517
Berlin, Sammlung Archiv für Kunst und Geschichte

Hans Schwarz, **Melchior Pfinzing**, o. J.
Kohlezeichnung
Berlin, Staatliche Museen zu Berlin – Preußischer Kulturbesitz, Kupferstichkabinett

die ursprüngliche Fassung im Codex 2833 nur den Steinschlag zeigt, so fällt in der korrigierten Fassung ein Stein direkt zwischen die Füße Theuerdanks (Abb. S. 45 rechts und links).

Der quantitative Hauptmeister des *Theuerdank* war Leonhard Beck. Er war wohl Geselle Hans Holbeins d. Ä. (1465–1524) in Frankfurt. In Augsburg erwarb er 1503 das Meisterrecht. Zwischen 1512 und 1518 finden wir ihn vielfältig am Ruhmeswerk Maximilians beteiligt. Beim *Theuerdank* kann man ihm 77 Holzschnitte zuschreiben, allerdings trägt keiner ein Monogramm, doch gibt es wieder Vergleiche zu signierten Holzschnitten des *Weißkunig*. Wenn man sich zum Beispiel die Abbildungen 97 und 116 des *Theuerdank* ansieht, erkennt man, dass die Figuren bei Beck in aller Regel kleiner und gedrungener sind, mit einer kräftigen Brust und relativ großen Köpfen. Die Frauen tragen meist ein Haarnetz, die Faltenbildung an den Armbeugen und Kniegelenken bildet einen deutlichen Gegensatz zu den Blättern der anderen Künstler. Beck zeigt Theuerdank in aller Regel in voller Rüstung, vom Helm aus fallen ihm vier lange Federn auf den Rücken. Die perspektivischen Darstellungen geraten erheblich ungelenker als bei Burgkmair und Schäufelein. Bereits Laschitzer hat vermutet, dass Beck eventuell die Vorlagen verschiedener, unbekannter Vorzeichner überarbeitete, wie er ja auch bei Burgkmair und Schäufelein massiv eingriff. Acht Blätter konnten bisher nicht zugeschrieben werden, unter anderem die Blätter 40 und 79, hinter denen Wolf Traut (um 1478–1510) vermutet wird, oder ein Künstler der Blätter 20, 34 und 38, auf denen Ehrenholds Glücksrad jeweils mit einer kleinen Krone geziert wurde.

Nicht alle Charakteristika sind im vorliegenden Faksimile deutlich zu erkennen, da das Exemplar der Bayerischen Staatsbibliothek in München von einer Hand kräftig koloriert wurde. Die gleichmäßige Gestaltung aller Holzschnitte garantierte der Holzschneider de Negker, von dem sich auch ein Monogramm neben dem von Schäufelein auf Blatt Nr. 70 erhalten hat. Aus einem Brief vom 20. Oktober 1512 geht hervor, dass Maximilian zunächst nur de Negker für diese Arbeiten autorisiert hat. Da das Schneiden aber wohl nicht zügig genug vorankam, wurden drei weitere Formschneider hinzu genommen: Heinrich Kupherwurm aus Basel sowie die Formschneider Alexi Lindt und Cornelius Lieferink. Die Gesamtkosten für das Schneiden beliefen sich auf etwa 450 Gulden (Laschitzer, S. 91).

Bei der Suche nach einer geeigneten Vorlage für diese Faksimilierung prüften Herausgeber und Verlag zunächst verschiedene der Pergamentexemplare, die von Kaiser Maximilian selbst für repräsentative Zwecke vorgesehen waren. Dabei zeigte es sich aber, dass die aufgetragenen Farben jeweils auf den Rückseiten des Pergamentes durchschlugen und daher für eine Reproduktion nicht geeignet waren. Die Prüfung von zahlreichen weiteren Papierexemplaren der 1. Ausgabe von 1517 führte schließlich zu einem der Exemplare, die sich in der Bayerischen Staatsbibliothek in München befinden. Das Exemplar der BSB München mit der Signatur Rar. 325a zeichnet sich durch einen guten Erhaltungszustand aus, es handelt sich um ein breitrandiges Exemplar auf weitgehend sauberem, weißem Papier – mit leichten Gebrauchsspuren (am Rand zum Teil abgegriffen). Die Kolorierung erfolgte zeitgenössisch mit einer Hand (ohne dass sich – wie üblich – die Werkstatt oder der Buchmaler selbst nennen würde). Je nach Charakter des Holzschnittes wurde mal stärker lavierend, mal stärker deckend übermalt, teilweise mit Goldtinte ausgezeichnet. Die kolorierten Illustrationen sind noch in der Tradition der Buchmalerei gedacht und von hoher Qualität.

Zwar kann man die Vorbesitzer nicht direkt bis in die Ära Maximilians zurückverfolgen, ein handschriftlicher Eintrag aus dem späten 16., frühen 17. Jahrhundert auf dem Titelblatt verrät jedoch, dass der Band „her philip kichle zue gehörig" war. Der Name deutet in den oberdeutschen/österreichischen Raum, ohne dass er zurzeit präzise nachweisbar wäre. Ein handschriftlicher Eintrag auf dem Vorsatzblatt und das Supralibros auf dem vorderen Einbanddeckel zeigen, dass der Band späterhin für das Benediktinerinnenkloster Nonnberg Sankt Ehrentrud in Salzburg eingebunden worden war. Schließlich findet sich auf dem inneren Vorderdeckel das Exlibris der Münchner Hofbibliothek (Dressler f 5), der Eintrag erfolgte unmittelbar nach der Säkularisierung 1808.

IMP·CAES·MAXIMIL·AVG

Jost de Negker.   H·BVRGKMAIR

Die Theuerdanktype und ihre Vorbilder

Die Lehrbücher für den jungen Knaben Maximilian formten nicht nur sein religiöses und weltliches Wissen, sondern wirkten auch prägend in ihrer Schriftgestaltung auf seine künftige Bevorzugung gebrochener Schriften und seine Beauftragung verschiedener Schreibmeister zur Entwicklung einer ganz eigentümlichen Fraktur. Heinrich Fichtenau konnte bereits 1961 nachweisen, dass drei seiner in der Österreichischen Nationalbibliothek in Wien erhaltenen Lehrbücher entscheidende Bindeglieder zwischen den Kanzleischriften der Zeit seines Vaters Friedrich III. und der von ihm in Auftrag gegebenen Type des älteren Gebetbuchs von 1513 und der „Theuerdanktype" von 1517 waren.

Das älteste erhaltene Lehrbuch (ÖNB, Cod. 2368) beginnt auf Folio 3 *recto* mit einem Alphabet in einer Textura und dem lateinischen *Paternoster* mit einer großen Zierinitiale, die Maximilian (links) und seinen ersten Lehrer Jakob von Fladnitz beim Unterricht zeigt (Abb. S. 50). Fladnitz war Rektor der Wiener Bürgerschule seit 1449 und wurde 1466 für den siebenjährigen Maximilian zum Lehrer bestellt. Da Fladnitz noch im gleichen Jahr verstarb, übernahm der Chorherr des Wiener Neustädter Stiftes, Peter Engelbrecht aus Passail in der Steiermark, die weitere Erziehung Maximilians. Er erhielt ein nicht geringes Gehalt von 40 Pfund Pfenningen jährlich, etwa das Doppelte eines Stadtschreibers von Wiener Neustadt. Dabei wurde er von zahlreichen anderen Schulmeistern unterstützt, sowie auch überliefert ist, dass Maximilian immer in einer Gruppe von Mitschülern unterrichtet wurde. Dieses älteste Lehrbuch ist mit reichem ornamentalem Rankenwerk und oben mit dem Wappen seiner Mutter Eleonore von Portugal, dem kaiserlichen Doppeladler (mit der Devise seines Vaters AEIOU) und dem österreichischen Bindenschild geziert.

Der Band enthielt unter anderem das lateinische „Gegrüßet seist du Maria", das Glaubensbekenntnis, das Stufengebet der Heiligen Messe, Tischgebete und einen *Cisioianus*, Merkverse zum Auswendiglernen der Kirchenfeste. Dieser *Cisioianus* zeichnet sich durch eine ausgefallene, sehr leichte und mit Zierschnörkeln versehene Schrift aus, die sich erheblich von der strengen, gitterförmigen Textura unterscheidet. Sie stammt von dem Wiener Neustädter Bürger Wolfgang Spitzweg, seit 1442 Schreiber der Reichskanzlei. Fichtenau vermutet, dass er für den Schreibunterricht Maximilians freigestellt wurde; daneben ist er als Schreiber an der Reichskanzlei nachzuweisen, ab 1473 als Schreiber von Wiener Neustadt. Die von ihm nachgewiesenen Kanzleiurkunden zeichnen sich unter anderem durch „Auszeichnungsschriften mit genialischen Schwüngen" (Fichtenau S. 37) aus. In Maximilians ältestem Lehrbuch wurden ferner einige Zieralphabete aufgeführt, die zum Nachzeichnen gedacht waren. Im *Weißkunig* erfahren wir, dass Maximilian von sich aus die Kunst der Kalligraphie, des Schönschreibens erlernen wollte (Abb. S. 10: Maximilian habe „aus aigner bewegnus" Schönschreiben gelernt, *Weißkunig*, Kap. 19).

Das zweite Lehrbuch (ÖNB, Cod. series nova 2617) enthält die lateinische Grammatik nach Aelius Donatus' *Ars Minor*, die *ad usum delphini* speziell eingerichtet wurde und

MAXIMILIANUSQUE PARS

Nomen quare? Quia est pars oronis in casu corpus aut rem ppie comunter ue sep significans. Quid est pars oronis? est dictio posita ut pars ponit in orone. Quot duplex est nomen? duplex siliter: adiectiuu et substantiuu. Quid est nomen adiectiuu? est nomen mobile per tria genera, ut felix probus. Quid est nomen substantiuu? est nomen non mobile p tria genera, ut Impator maximilianus. Nom quot accidunt? Sex que? Qualitas comparco genus nuus figura casus. Qualitas prie quare? Quia e nomen vnius. Quare appellatiuu e? quia est

Lehrbuch Kaiser Maximilians: Textura-Alphabet mit lateinischem Vaterunser. Fol. 3r: In der Initiale P Maximilian und sein Lehrer, vermutlich Jakob von Fladnitz. Wien, Österreichische Nationalbibliothek, Cod. 2368

Seite 49:
Grammatik für Maximilian (nach Aelius Donatus). Fol. 2r: In der Initiale M unterrichtet Peter von Passail den jungen Maximilian. Wien, Österreichische Nationalbibliothek, Cod. series nova 2617

Typentafel des *Theuerdank*

Kanon der Frakturtype in Kaiser Maximilians
Gebetbuch, 1514

Auszeichnungsschrift des Reichsregisters,
Kanzleischrift um 1500

Doctrinale puerorum, pars I., prooemium. Fol. 1r:
In der Initiale S Peter von Passail mit Feder und
Radiermesser vor Kaiser Maximilian, dessen
Mitschülern und einem Repetitor
Wien, Österreichische Nationalbibliothek, Cod. 2289

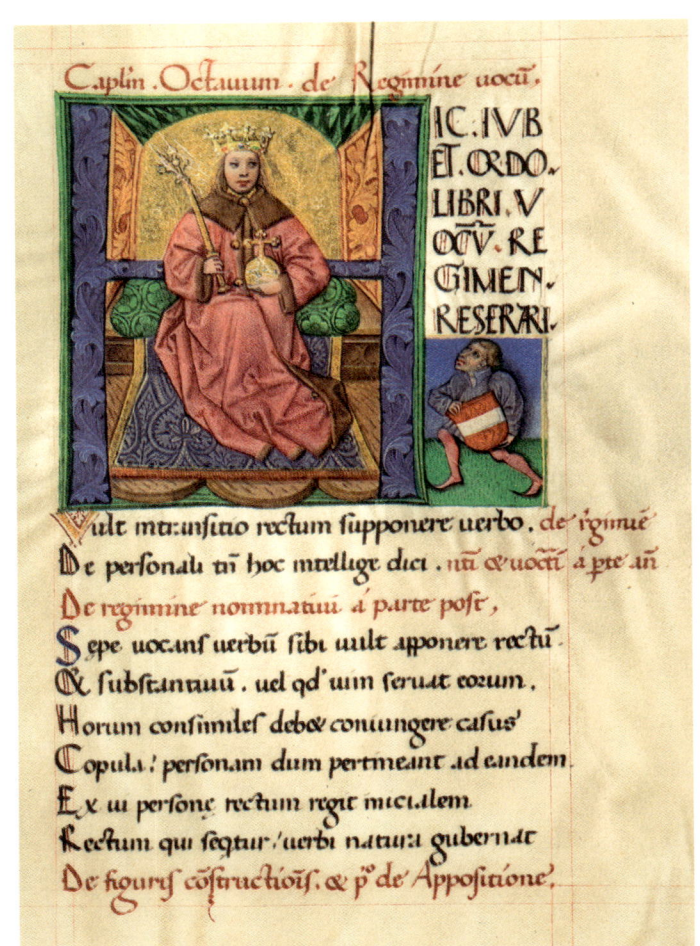

**Doctrinale puerorum: Regierung der Verba
über den Casus.** Fol. 30r: In der Initiale H Maximilian
als künftiger König thronend
Wien, Österreichische Nationalbibliothek, Cod. 2289

lateinische Merkverse, *Disticha Catonis* und Gesundheitsregeln aus der medizinischen Schule von Salerno, aber auch Auszüge von Cicero und zeitgenössischen Humanisten. Diese Merkverse sind von sehr allgemeiner, überzeitlicher Bedeutung. Sie ermahnen, auf den Rat der Älteren zu hören, falsche Freunde zu meiden und – dieses wird für sein eigenes Ruhmeswerk wichtig – dem Beispiel der Ahnen zu folgen. Auch dieses zweite Lehrbuch ziert das Wappen der Mutter neben dem Reichswappen; das Rankenwerk ist ansonsten mit Drollerien, wohl für den kindlichen Gebrauch versehen: Ein tanzender Affe bewegt sich behende auf den Ranken, links spielt ein Bär, rechts bläst ein Hase den Dudelsack und wird gleichzeitig von einem Kranich gebissen (Abb. S. 49).

Neben diesen in einer Textura verfassten Schriften ist das dritte Lehrbuch in einer reinen humanistischen Antiqua geschrieben und enthält das *Doctrinale puerorum* des Alexander de Villa Dei. Die Zierinitiale S (ÖNB, Cod. 2289, fol. 1r) zeigt eine typische *Magister cum discipulis*-Szene mit einem Lehrer auf der Kathedra und davor Maximilian zwischen seinen Mitschülern, dem ein Repetitor hilft (Abb. S. 52 links). Die Schrift selbst ist eine humanistische Antiqua, die möglicherweise von dem abgebildeten Lehrer Peter von Passail selbst sein könnte. Während Maximilian hier als ein junger Schüler gezeigt wird, konnte er sich in

der Miniatur der Initiale H auf Folio 30 *recto* bereits als künftiger König mit Krone, Zepter und Reichsapfel wiederfinden, dem ein Wappenhalter die österreichischen Lande zuträgt (S. 52 rechts).

Die in diesen ersten beiden Lehrbüchern nachgewiesenen Schreibproben haben Maximilians Verständnis von Typographie offensichtlich zeitlebens geprägt. Da es ihm jeweils darum gegangen ist, mit den Möglichkeiten des Buchdrucks die Qualität der Handschrift noch zu übertreffen, beauftragte er seinen Hofbuchdrucker Johann Schönsperger im Jahr 1508, für ihn ein neues Gebetbuch herzustellen und dazu von den besten Schreibmeistern und Typographen eine neue, einzigartige Schrift entwerfen zu lassen. Die zwischen 1508 und 1513 geübte Geheimhaltung wird sich nicht nur auf den Entwurf der Schrift, sondern sicherlich auch auf den relativ komplizierten Guss und ein damit verbundenes Satzverfahren bezogen haben. Diese als „Gebetbuch-Fraktur" (Abb. S. 51 Mitte) bekannt gewordene Schrift weist ein offenes und dynamisches Schriftbild auf, das einer individuellen Handschrift sehr nahe kommt. Dieser Eindruck entsteht besonders durch die Verwendung von unterschiedlichen Varianten für einzelne Buchstaben (bis zu vier) und auch durch das unregelmäßige An- bzw. Abschwellen der Buchstabenschäfte, die in einigen Fällen in unterschiedlich geschnittenen, versetzbaren Schnörkeln auslaufen. Einzelne Buchstaben haben offene Ober- und Unterlängen; die weiten Großbuchstaben stehen in deutlichem Kontrast zu den englaufenden Proportionen der Kleinbuchstaben. Wir können diese Schrift als eine direkte Nachfolge der Schriften der Reichskanzlei (Abb. S. 51 unten) und den Schriften der Lehrbücher Maximilians ansehen. Der gedruckte Schriftsatz im Gebetbuch umfasst 14 Zeilen und ist blockähnlich gesetzt. Die Überschriften wurden – wie schon in der Handschriftenzeit und von Gutenberg übernommen und wie generell bei Liturgica üblich – mit roter Auszeichnungsfarbe gedruckt. Nachträglich wurde der gesamte Satz mit blasslila Linien überzogen, um den Eindruck einer Handschrift (bei der diese Linien natürlich vorab gezogen wurden) zu erwecken.

Es gibt eine Reihe von Überlegungen, wer als der eigentliche Schöpfer dieser Gebetbuch-Fraktur anzusehen ist. Wenn wir Wolfgang Spitzweg, der in den Lehrbüchern Maximilians zum Beispiel den *Cisioianus* schrieb, als einen ersten Anreger ansehen, so könnte der kaiserliche Hofsekretär Vinzenz Rockner (auf den ja auch die Schriftmuster zum *Theuerdank* zurückgehen) als Mitschöpfer der Gebetbuch-Fraktur angesehen werden, möglicherweise aber auch der Benediktinermönch Leonhard Wagner aus St. Ulrich und Afra in Augsburg, der in dem Schriftmusterbuch *Proba centum scripturarum* (eventuell aus dem Jahre 1507) eine Schrift mit hoher Ähnlichkeit zu dieser Gebet-

buch-Fraktur vorstellte, die *Clipalicana maior*. Sicher ist allerdings, wer diese Schriften schnitt und ausführte, da Maximilian den Antwerpener Formschneider Jost de Negker speziell für diese Aufgabe nach Augsburg geholt hatte.

Da sich nur zehn Exemplare des Gebetbuches (unvollständig) erhalten haben, ist spekuliert worden, dass Maximilian „nur" ein besonders schön gestaltetes Exemplar für den eigenen Gebrauch (aber eben nicht von Hand geschrieben, sondern gedruckt) erstellen lassen wollte. Erheblich wahrscheinlicher als diese mehrfach vorgetragene These erscheint es mir aber, diese Exemplare des noch unvollständigen Gebetbuches (gerade das wichtige Kalendarium fehlte noch) als Probeandrucke anzusehen, von denen dann künftig der Auflagendruck erfolgen sollte. Gerade weil Maximilian auch den *Theuerdank* in einer stark an die Handschrift angelehnten gebrochenen Type setzen und drucken ließ, wird deutlich, wie er diesen Übergangscharakter von Handschrift zu Buchdruck schätzte und gleichzeitig die Handschrift mit der Qualität des Buchdrucks zu veredlen suchte.

Dafür spricht auch, dass sich ein Exemplar (in zwei Hälften und auch unvollständig) in der Bibliothèque Municipale in Besançon und in der Bayerischen Staatsbibliothek in München erhalten hat, das mit Randzeichnungen mit farbiger Feder von den bedeutendsten Graphikern der

Kolophon der 1. Auflage des „Theuerdank", gedruckt bei Schönsperger, Nürnberg 1517

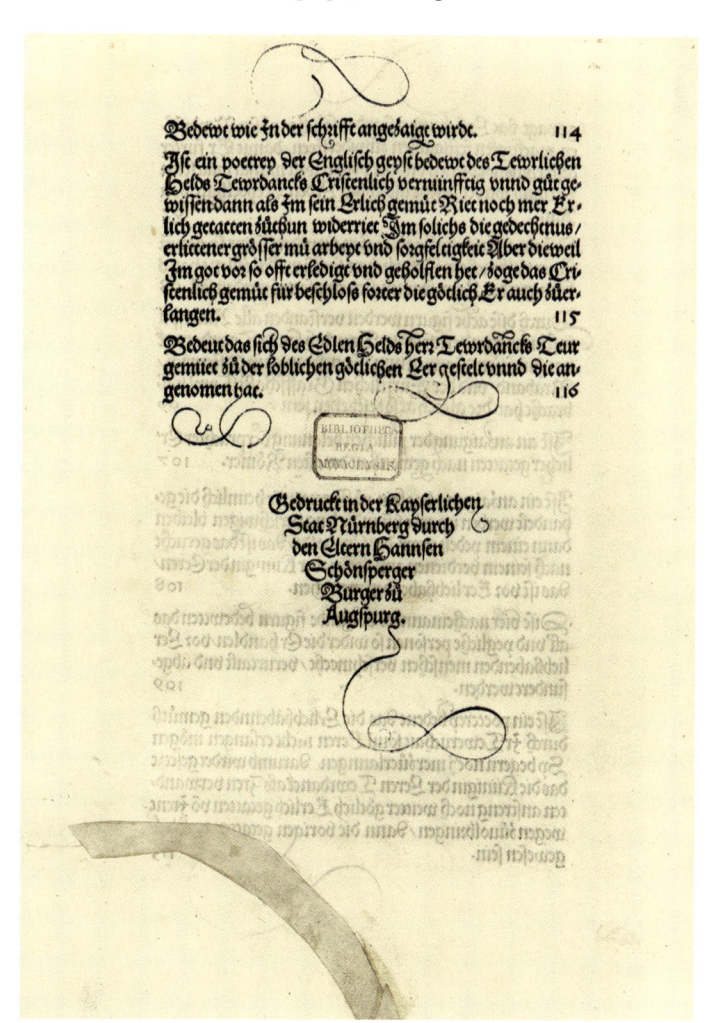

Kolophon der 2. Auflage des „Theuerdank", gedruckt bei Schönsperger, Augsburg 1519
Nürnberg, Germanisches Nationalmuseum, Postinc. 14245

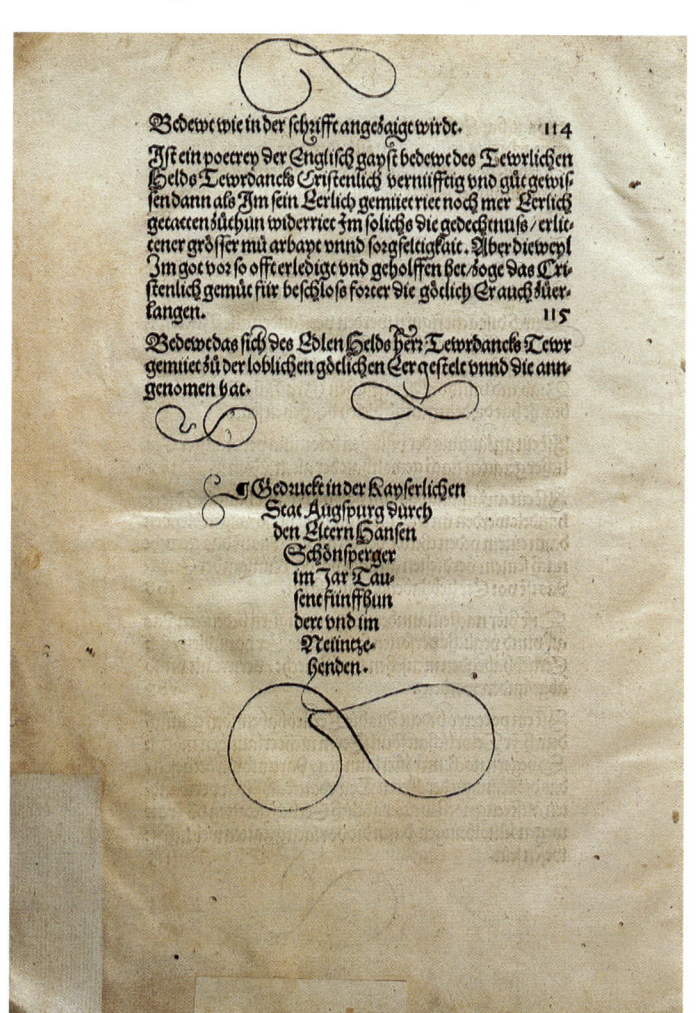

Zeit gestaltet wurde, so die eigenhändig mit Monogramm versehenen Zeichnungen von Hans Baldung Grien (um 1484/85–1545) und Hans Burgkmaier sowie von Albrecht Dürer (die Monogramme wurden später hinzugefügt), acht Zeichnungen von Lucas Cranach d. Ä. (1472–1553), dem Augsburger Künstler Jörg Breu d. Ä. (um 1475/76–1537) und Albrecht Altdorfer (dessen Monogramm ebenfalls nachträglich zugefügt wurde). Einige Zeichnungen werden auch einem unbekannten Gehilfen aus der Werkstatt Altdorfers zugeordnet, in der älteren Literatur galt zudem Hans Dürer, der Bruder Albrecht Dürers, als mitbeteiligt. Die Randzeichnungen entstanden alle in den Jahren 1514 und 1515, wobei die Lagen offensichtlich gleichzeitig an die unterschiedlichen Künstler versandt wurden.

Albrecht Dürers Zeichnungen befinden sich in dem heute in der Bayerischen Staatsbibliothek in München befindlichen Fragment (Abb. S. 54, 55) auf 44 Seiten, auf vier weiteren finden sich kalligraphische Schnörkel. Die ausgezeichneten Blätter, jeweils die Anfangsseiten von Gebeten oder Psalmen, sind alle mit reichem Rankenwerk versehen. Vorläufer und Parallelen für die dargestellten Tiere und menschlichen Wesen lassen sich vielfältig in seinem eigenen Œuvre nachweisen.

Da Maximilian dieses Gebetbuch eventuell für die Mitglieder des St. Georg-Ritterordens vorgesehen hatte, dominieren Gebete, die sich mit dem Kriegswesen auseinandersetzen. Und es finden sich Anrufe an eine besondere Gruppe von Heiligen, sogleich zu Beginn (Folio 7 *verso*) an die Heilige Barbara, die Patronin des Geschützwesens und der Artillerie, an den Heiligen Sebastian (Folio 8 *recto*) als dem Patron der Bogenschützen und (auf Folio 9 *recto*) an den Heiligen Georg, dem Schutzpatron des St. Georg-Ritterordens. Georg sind sogar zwei Gebete gewidmet, die beide sehr reich von Albrecht Dürer verziert wurden. Auf Folio 9 *recto* wird ein bärtiger Georg zu Fuß gezeigt, als ein siegreicher Ritter trägt er die Fahne der Kreuzritter in der einen Hand und mit der anderen einen toten Drachen wie eine erlegte Jagdbeute. Im zweiten Blatt (Folio 23 *verso*, Abb. S. 55 links) ist Georg wiederum mit der Fahne der Kreuzritter, nun aber hoch zu Ross mit geschlossenem Visier, gezeigt. Er hat den Drachen soeben besiegt, dessen Brut (im Vordergrund) aber offensichtlich noch weiter existiert. Gegen wen sich die Bestrebungen des Kreuzzuges richten, wird in Dürers Illustration zum Psalm 57 (Folio 56 *verso*, Abb. S. 55 rechts) deutlich, in dem David um Gottes Beistand gegen die Nachstellungen des „bösen Feindes" bittet: Im unteren Bildfeld erkennt man eine verkleinerte Darstellung des „Triumphwagens" mit einem Herrscher, dessen Reichsapfel mit Halbmond ihn als einen osmanischen Herrscher ausweist. Der Widder, der seinen Wagen zieht, ist das Tier des Goldenen Vlieses. In der mächtigen Erscheinung am linken Rand sehen wir Christus als *Salvator mundi* und darunter den Kampf des Erzengels Michael mit dem Drachen. Michael stürzt den Teufel und siegt damit über den Unglauben: *Misit de coelo et liberavit me* („Er sandte Hilfe vom Himmel und befreite mich"). Am Triumphwagen des osmanischen Herrschers sind Harpyien, Winddämonen aus dem Gefolge der Erinnyen, die Böses verkünden, angebracht.

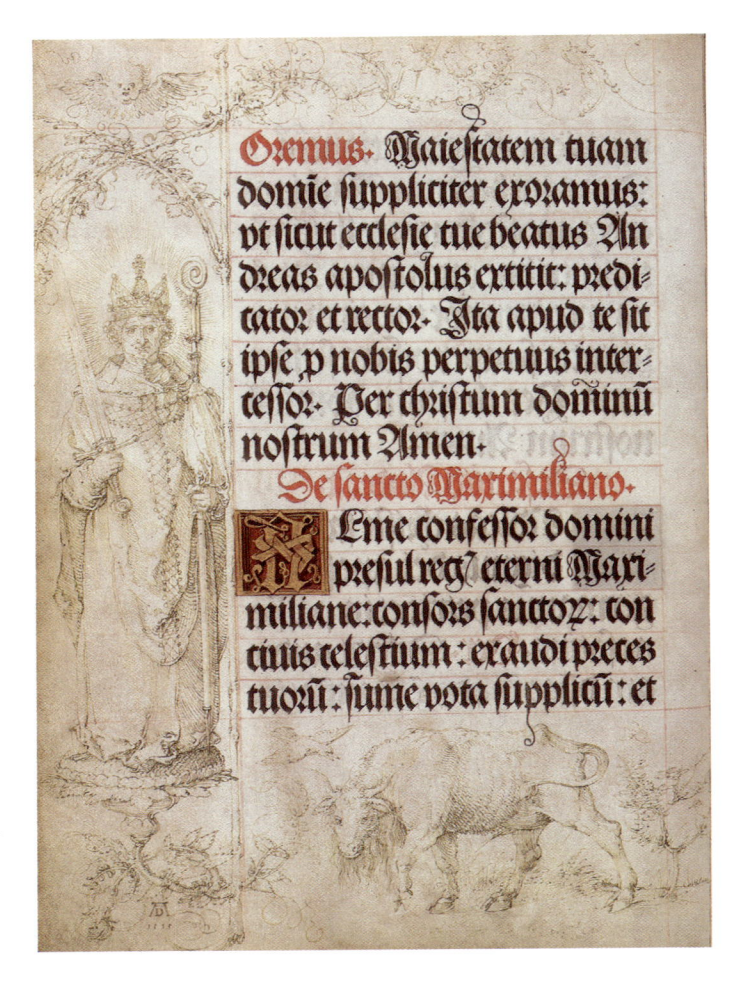

Das Gebetbuch Kaiser Maximilians I., 1514/15
Fol. 25v: Randzeichnungen von Albrecht Dürer (Signatur)
mit der Darstellung des Heiligen Maximilian
München, Bayerische Staatsbibliothek

Dieses so genannte „Jüngere Gebetbuch" von Maximilian (im Unterschied zu seinem älteren aus seinem Krönungsjahr 1486, das von flandrischen Meistern gestaltet worden war) ist ein wichtiges Dokument für die Entwicklung der Schriftgeschichte hin zu einer offeneren Form von Fraktur und weg von einer engen, begrenzten Textur, bei der bereits schon eine Reihe von Ober- und Unterlängen in Schreibschnörkeln angesetzt wurden, und vor allen Dingen ein weiteres Beispiel für die Vorliebe Maximilians, den Buchdruck zur Verbesserung der Handschrift zu verwenden. Es ist durchaus denkbar, dass er die Federzeichnungen der führenden Graphiker seiner Zeit im Holzstock vervielfältigen lassen wollte. Wie so viele seiner Pläne blieb ja auch dieses Buch unvollendet und unpubliziert.

Ein nächster Schritt der Schriftgeschichte am Hofe Maximilians ist die Vorbereitung der Theuerdanktype, die sich an der Kanzleischrift orientierte. Sie ist gekennzeichnet durch die weit ausholenden Elefantenrüssel, das An- und Abschwellen der einzelnen Buchstaben und die Verwendung von Buchstabenvarianten, die eher auf die Tätigkeit von Schreibmeistern als auf Schriftschneider schliessen lässt. Die Herstellung dieser besonderen Buchstaben stellte die Stempelschneider sicherlich vor hohe Anforderungen, besonders bei den Verzierungen und den Schnörkelbuchstaben. Wie bereits erwähnt, wurde in der Werkstatt Schönspergers Jost de Negker aus Antwerpen zusätzlich als Formschneider hinzugenommen, der sich

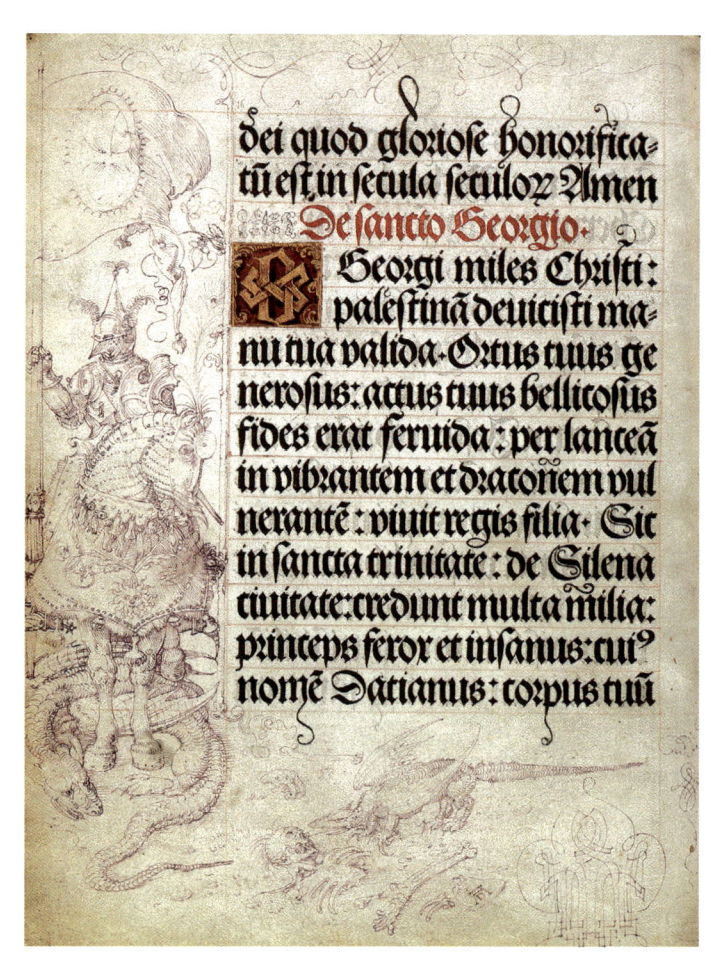

Das Gebetbuch Kaiser Maximilians I., 1514/15
Fol. 23v: Gebet zum Heiligen Georg mit der Federzeichnung von Albrecht Dürer (Monogramm)
München, Bayerische Staatsbibliothek

Das Gebetbuch Kaiser Maximilians I., 1514/15
Fol. 56v: Psalm contra potentes: Gegen die Machthaber
München, Bayerische Staatsbibliothek

bei der Herstellung und dem Einsatz dieses besonderen Typenapparates bewährte (Abb. S. 51 oben). Wir sehen daran, dass eine Fülle von ganz unterschiedlichen Buchstabenbildern verwendet wurde, so kommen bis zu acht verschiedene Formen des Großbuchstabens D auf einer Seite vor. Die Theuerdanktype nahm mit ihren beiden Ausgaben von 1517 bis 1519 eine ganz herausragende Stellung in der Schriftgeschichte ein, aus der heraus sich dann in den 20er Jahren des 16. Jahrhunderts eine neue Form von Fraktur, nun wieder erheblich regelmäßiger und ausgeglichener, formte. Die erste Ausgabe von 1517, von der sich auch einige Vorzugsexemplare auf Pergament sowie kolorierte und unkolorierte Papierexemplare erhalten haben, sollte eigentlich nach dem Willen des Kaisers erst nach seinem Tod erscheinen.

Während der *Weißkunig* erst nach 250 Jahren gedruckt wurde, ließ Erzherzog Ferdinand 1526 die erste Auflage des *Theuerdank*, die in 6 Truhen aufbewahrt wurde, an den Adel verteilen, damit sie getreu der Absicht Maximilians zu dessen „Gedächtnus" beitragen könne. Bereits 1519, bevor die erste Ausgabe ausgeteilt war, wurde bereits eine zweite Auflage von Schönsperger nachgedruckt (Abb. S. 53 rechts). 1537 erschien eine völlig neu hergestellte Ausgabe des *Theuerdank* bei Heinrich Steiner in Augsburg mit einer der gängigen Buchdruckschriften, aber auch mit den Originalholzschnitten.

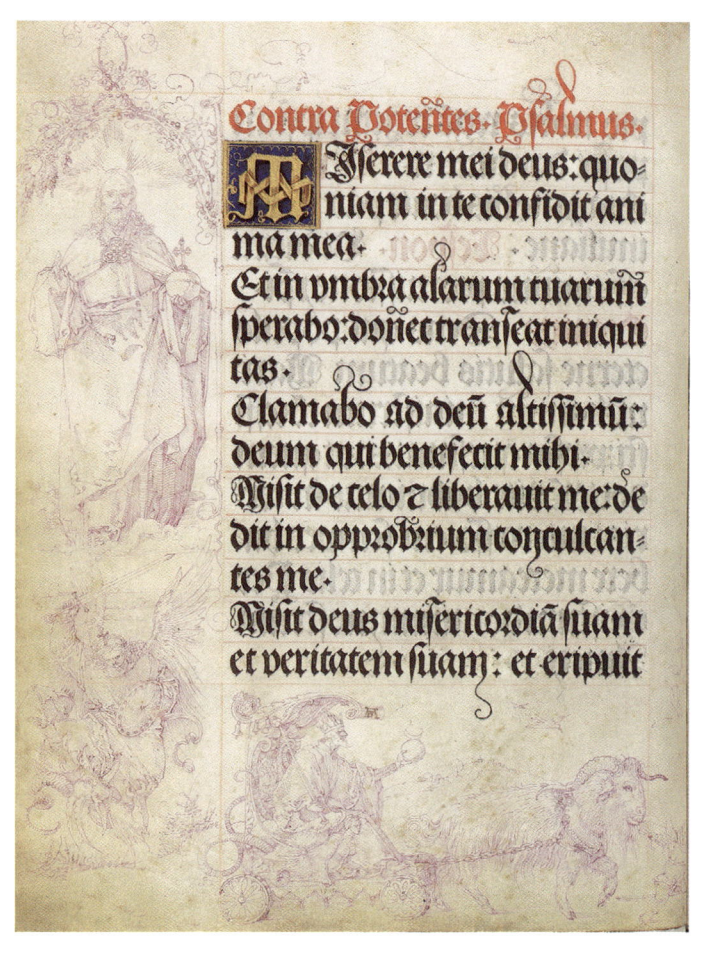

Christian Egenolff brachte 1553 in Frankfurt eine Neubearbeitung aus der Feder von Burkard Waldis heraus (Abb. S. 41), die wiederum die Holzschnitte nach den Originaldruckstöcken aufnehmen konnte; 1563 und 1589 folgten Neuausgaben. 1596 druckte die Offizin Egenolffs Erben den *Theuerdank* im kleineren Format und auch mit neu geschnittenen Holzschnitten ein weiteres Mal. Im 17. Jahrhundert wurde der *Theuerdank* ein weiteres Mal überarbeitet, und im Verlag von Matthäus Schultes in Ulm 1679 und 1693 bei dem Drucker Matthäus Wagner herausgegeben. Dadurch wurde die Figur des Theuerdank höchst populär und war auch im 18. Jahrhundert weitverbreitet; ein treffliches Zeugnis davon legte Goethe ab, der im *Götz von Berlichingen* (1771) von Mädchen reden lässt, „die den Theuerdank lesen und sich so einen Mann wünschen".

Komposition und Inhalt des „Theuerdank"

Exposition Kapitel 1–11:
Vorstellung der historischen Situation
und der handelnden Personen

Bild 1 von Leonhard Beck: König Romreich empfängt seine Tochter Ehrenreich.
Im 1. Kapitel werden die handelnden Personen vorgestellt, zunächst König Romreich, der viele Länder und Völker erobert hat und zusammen mit seiner Gemahlin eine edle und feine Tochter namens „Ehrenreich" besitzt. Die Königin erkrankt aber bald nach der Geburt schwer und kann auch von den eilends herbeigerufenen Ärzten nicht mehr gerettet werden. Mit ihren letzten Worten überträgt sie die Erziehung ihrer Tochter und die Auswahl eines Bräutigams ihrem Gatten. Als die Tochter 16 Jahre alt wird und wegen ihrer Anmut, ihrer Schönheit und ihres sittlichen Gebarens von aller Welt gelobt wird, drängen die Berater den König, seine Tochter noch vor seinem Tod zu verheiraten. Der König verspricht seinen Beratern, diesen Vorschlag ernsthaft zu erwägen.
CLAVIS: Pfinzing führt aus, dass in der Tradition der Heldenbücher die Namen verschlüsselt werden, denn es sei „für den gemeinen Mann nicht nötig, alles zu verstehen". Er selbst gibt den nur halb entschlüsselten Hinweis, dass es sich bei König Romreich um „H. C. V. B." handele [Herzog Carl von Burgund], bei Ehrenreich um des Königs Tochter und bei dem löblichen Fürsten Theuerdank um K. M. E. Z. O. V. B. [Kaiser Maximilian Erzherzog zu Österreich und Burgund]

Bild 2 von Leonhard Beck: König Romreich auf seinem Thron bei der Beratung mit seinen Räten vor einer Stadtkulisse.
Im 2. Kapitel ruft König Romreich seine Räte zusammen und fordert sie auf, ihm bei der Auswahl einer der zwölf ehrenwerten Bewerber zu helfen. Die Räte ziehen sich zur Beratung zurück, vertrauen aber dennoch auf die Auswahl des Königs und wollen ihm die endgültige Entscheidung überlassen. Der König sagt ihnen zu, einen tugendreichen und ehrsamen Mann, den Besten aus dem Kreis der Zwölfe auszuwählen, seine Entscheidung aber erst in seiner Todesstunde bzw. durch sein Testament bekannt zu geben. Die Räte bestätigen, dass sie sich seiner weisen Entscheidung auf jeden Fall unterwerfen werden.
CLAVIS: Pfinzing erläutert, dass König Romreich von vorn herein den berühmten Helden Theuerdank als Gemahl für seine Tochter auserwählt hat, dass er aber aus diplomatischen Gründen die Räte beratschlagen ließ, um dann umso leichter die anderen elf ablehnen zu können.

Bild 3 von Leonhard Beck: König Romreichs Tod in seinem Garten neben einem Bach.
Das 3. Kapitel berichtet von den letzten Lebensstunden des Königs. Als er den Tod nahen spürt, begibt er sich in einen nahe gelegenen Garten und machte dort sein Testament, das von einem alten, verdienten Ritter den Räten überbracht werden soll. An einem „frischen Wasser" legt sich der König zur Ruhe und stirbt.
CLAVIS: Pfinzing berichtet, wie König Romreich an einem „frischen Bach" erschlagen wurde. [Historisch getreu fiel Karl der Kühne in der Schlacht von Nancy.]

Bild 4 von Leonhard Beck: Ein alter Ritter bringt Ehrenreich die Nachricht vom Tod ihres Vaters.

Im 4. Kapitel unterrichtet der alte, vertraute Ritter zunächst die Berater des Königs von dessen Tod und von dem Testament und überbringt dann auch der Tochter die traurige Nachricht. Zwar ist sie vom Schmerz überwältigt, doch erweist sie sich ihrer künftigen Rolle gerecht, da sie überlegen und besonnen die Veröffentlichung des Testamentes bis nach seiner Beerdigung verschiebt und dazu einen allgemeinen Landtag ihres Reiches einberuft.

Bild 5 von Leonhard Beck: Im Kreise ihrer Räte und den Vertretern der „Landschaften" verkündet der alte Ritter Ehrenreich, dass der Vater für sie den Ritter Theuerdank erwählte.

Das 5. Kapitel berichtet von der Beerdigung des Königs und der anschließenden Einberufung eines Landtages. Dort wird Romreichs Testament verlesen und vom alten Ritter verkündet, dass der König den Fürsten Theuerdank als Gemahl auserwählt habe. Er ermahnt die junge Königin, den Willen des Vaters zu erfüllen – wie es im vierten Gebot gefordert werde. Auf Anraten des Landtages sendet die Königin einen Boten aus, um diesen „teuerlichen" Mann suchen zu lassen, der von allen gelobt wird. Die Königin befolgt diesen Rat und entlässt den Landtag.

Bild 6 von Leonhard Beck: Königin Ehrenreich sendet einen Boten zu Theuerdank.

Im 6. Kapitel sendet Königin Ehrenreich diesen Boten aus, dem sie hohen Lohn verspricht, wenn es ihm gelänge, Theuerdank zu finden und sicher in ihre Residenz zu bringen. Sie überreicht ihm einen „Credenzbrief", und der Bote macht sich auf den Weg. Niemand Geringeres als der Teufel selbst plant aber derweil, diese hehren Pläne zu durchkreuzen.

Bild 7 von Leonhard Beck: Drei Hauptleute verbünden sich und beschließen, die Ankunft Theuerdanks zu verhindern.

Im 7. Kapitel treten die teuflischen Gegenspieler Theuerdanks zum ersten Mal zusammen, drei „Hauptleute" mit den sprechenden Namen Fürwittig, Unfalo und Neidelhart. Sie beraten, wie die Heirat am besten verhindert werden könnte, da sie ihre eigene Position im Königreich gefährdet sehen. Jeder von ihnen hatte gehofft, selbst die Königin heiraten zu können. Sie werden von dem „bösen Geist" geleitet, der ihnen einflüstert, dass ihre Sache gerecht sei. Sie entwickeln eine Strategie, dass jeder der drei Hauptleute nun einen der drei Pässe des Landes besetzen solle, um Theuerdank den Eingang zu verwehren. Falls es ihnen nicht gelingen würde ihn aufzuhalten, planen sie sogar seine Ermordung.
CLAVIS: Die Hauptleute sind ein Bild für die ständische Opposition in den Niederlanden; eine allegorische Interpretation zeigt Maximilian im Kampf gegen die drei Lebensalter, gegen Neugier, Unglück und Neid der Welt.

Bild 8 von Leonhard Beck: Ein Bote überreicht Theuerdank den Einladungsbrief von Königin Ehrenreich.

Im 8. Kapitel wird berichtet, dass der Bote auf der Suche nach dem Helden gen Osten in das Land der aufgehenden Sonne reitet und von einem frommen Mann auf den rechten Weg gewiesen wird. Er findet den Helden und überreicht ihm die Botschaft der Königin. Voll Freude willigt dieser gerne ein, möchte sich allerdings erst ihre „Hulde" [ein Schlüsselbegriff aus der Minnedichtung im Sinne von „Geneigtheit", „Wohlwollen"] verdienen, so wie er das aus alten „Chroniken und Historien" gelernt habe. Mit diesem positiven Beschluss macht sich der Bote, noch dazu reich beschenkt, auf den Heimweg und vermeldet die gute Nachricht seiner Königin. Die Königin ist hoch erfreut und wartet nun auf ihren Helden.

Bild 9 von Leonhard Beck: Theuerdank bittet seinen Vater, der Einladung folgen zu dürfen. Im Hintergrund tritt zum ersten Mal der „Ehrenhold" auf, der künftig alle Taten Maximilians begleiten wird – auf seinem Umhang ist das Glücksrad der Fortuna zu sehen.

Theuerdank lebt nur noch in dem Gedanken an seine „Aventiurefahrt" und an sein hehres Ziel. Er berichtet seinem Vater, ebenso demütig wie begeistert, dass er nun durch „ritterliche Taten" die „Hulde" der Königin erwerben wolle und bittet den Vater, den die ritterliche Gesinnung des Sohnes mit Stolz erfüllt, um Erlaubnis zur Brautfahrt. Trotz einiger Bedenken willigt er in die gefährliche Reise ein und ermahnt ihn, immer nur auf Gott zu vertrauen.

Bild 10 von Hans Schäufelein: Ein „böser Geist" in Gestalt eines Gelehrten versucht Theuerdank.

Der gute Rat des Vaters hilft Theuerdank im 10. Kapitel, in dem ihn der Teufel in der Gestalt eines Gelehrten versucht und ihm drei Wege anbietet, auf denen er weltlichen Ruhm und Reichtum erlangen könne. Zunächst sagt er ihm, er solle nur seiner „Natur" folgen, was vom Helden aber als „fleischliche Begierde" abgetan wird, mit der sich der Mensch mit dem Tier auf eine Stufe stelle – der Mensch aber in der Lage sei, der „Vernunft und der göttlichen Lehre" zu folgen. Der Teufel rät ihm ferner, allein nach der „weltlichen Ehre" zu trachten und sich so unvergänglichen Ruhm zu erwerben. Theuerdank lehnt dieses aber als „hoffärtig" ab und strebt weiter nach der göttlichen Ehre. Zum dritten versucht der Teufel, ihn zum Eidbruch und zum hemmungslosen kriegerischen Machtstreben zu verleiten. Theuerdank widersteht aber auch hier, indem er sich zu einem Leben für die Gerechtigkeit entscheidet. An diesen drei so eindeutigen Lehren erkennt Theuerdank, dass er es mit einem „höllischen Geist" zu tun hat, der aber vor seiner Weisheit und Besonnenheit zurückweichen muss. Es bleibt dem Teufel nur die Hoffnung, dass seine drei „Dienstmannen" den Helden noch werden aufhalten können.
CLAVIS: Pfinzing erläutert, dass Theuerdank sich nicht vom Teufel zu Stolz, Hoffart und Unehrlichkeit überreden lässt, da ihn „Gott und sein Engel" behüten werden.

Bild 11 von Leonhard Beck: Theuerdank reitet mit Ehrenhold aus der Stadt durch eine Waldlandschaft und trifft an einem ersten Pass Fürwittig.

Am nächsten Morgen lässt Theuerdank nach seinem Begleiter „Ehrenhold" aussenden, der über diese Reise ein wahrhaftes Zeugnis geben soll. Dieser Begleiter trägt seinen Namen zu Recht, da er über die ehrlichen Taten berichtet, „Laster, Untugend und Schande" jedoch bloßstellt. Er warnt Theuerdank aufgrund seiner Erfahrungen, dass die Reise nicht einfach sein wird, um die Gunst der Königin zu erwerben, müsse er durch „Angst, Leid und gar große Not" gehen. Theuerdank beruft sich auf sein hohes Ethos und begibt sich unter den Schutz Gottes, da er durch ein tugendsames Leben die ewige Ehre anstrebe. Ehrenhold freut sich, einen so weisen Herrn begleiten zu dürfen und so reiten sie gleich am nächsten Tag los, kommen durch hohe Gebirge sowie tiefe Wälder und erleben dabei manche Abenteuer. Bald sehen sie die Grenzen des Landes der Königin. Die hereinbrechende Nacht zwingt sie aber zu einer Übernachtung in einer Herberge.
CLAVIS: Das Kapitel beschreibt den Reisebeginn, die Trennung vom Vater, die Ausfahrt aus den Erblanden und den Weg zu Ehrenreich.

Kapitel 12–24:
Theuerdanks Abenteuer mit Fürwittig

Bild 12   von Leonhard Beck: Theuerdank und Ehrenhold werden vom Hauptmann Fürwittig am Stadttor in die Stadt eingeladen.
Am nächsten Morgen brechen Theuerdank und Ehrenhold in aller Herrgottsfrühe auf und stoßen am ersten Pass auf den Hauptmann Fürwittig, der sie scheinheilig freundlich empfängt. Theuerdank gibt allzu bereitwillig Auskunft über sein Vorhaben und wird von dem Hauptmann in die Stadt geführt. Fürwittig gibt vor, zunächst einen Boten an die Königin senden zu müssen und lädt ihn ein, solange bei ihm zu warten. Theuerdank nimmt dies dankbar an, ahnt er doch noch nicht (was der Erzähler bereits verrät), das der Hauptmann ein „böser Wicht" ist.
CLAVIS: Pfinzing erläutert, dass dieses Kapitel den Anfang der „Gefährlichkeiten" darstellt, in die der Held durch seinen jugendlichen „Fürwitz" geraten ist.

Bild 13   von Hans Schäufelein (Monogramm), von Leonhard Beck geändert: Theuerdank erlegt einen entgegenstürmenden Hirsch mit dem Schwert vom Pferd aus.
Im 13. Kapitel lädt Fürwittig Theuerdank zu einer Jagd ein, um die Wartezeit zu verkürzen. Insgeheim hat er aber seinen Jägern aufgetragen, in einem Hohlweg einen Hirschen direkt auf Theuerdank zu zutreiben. Als der Hirsch Theuerdank entgegenstürmt und über ihn hinweg springen will, stößt ihm dieser sein Schwert mitten ins Herz, dass es durch den Rücken hindurchdringt. Voller Falschheit gratuliert Fürwittig dem Helden und lädt ihn zum Jagdschmaus ein, während er gleichzeitig neue Gemeinheiten vorbereitet.
CLAVIS: Pfinzing erklärt, dass dieses Jagdabenteuer in Brabant stattgefunden hat.

Bild 14   von einem unbekannten Künstler: Theuerdank erlegt mit einem Spieß eine angreifende Bärin.
Das 14. Kapitel hält ein weiteres Jagdabenteuer bereit, das Fürwittig arglistig vorbereitet hat. Er lässt Theuerdank zu einer Bärenhöhle führen, aus der er das Bärenjunge geraubt und getötet hat. Die heimkehrende Bärin greift in ihrem Schmerz und Zorn den Helden Theuerdank an, der allerdings geschickt ausweichen kann und mit einem Bärenspieß das Tier tötet. Als Zeichen des Sieges bläst er das Jagdhorn und wird daraufhin von den Jägern freundlich umringt. Fürwittig untersagt ihnen aber, von dieser erneuten Großtat Theuerdanks zu erzählen und plant „von Bosheit getrieben" neue Hinterhalte.
CLAVIS: Dieses Jagdabenteuer hat in Schwaben stattgefunden.

Bild 15   von Leonhard Beck: Theuerdank bleibt bei der Gämsenjagd mit einem Fuß in einer Felsspalte stecken und wird von einem anderen Jäger befreit.
Im 15. Kapitel wird Theuerdank von Fürwittig in das Hochgebirge zur Gämsenjagd geführt, wo er auf einem hohen Berg mit seinem Fuß in einer Felsspalte stecken bleiben soll. Gegen den Befehl Fürwittigs wird ihm jedoch von einem Jäger geholfen und sicher wieder heruntergeführt, nachdem er noch eine „schöne Gämse" hat erlegen können. Mit „Falschheit und teuflischer List" sinnt Fürwittig weiter auf Niedertracht.
CLAVIS: Die Gämsenjagd fand im „Haller Tal" statt.

Bild 16   von Hans Schäufelein, von Leonhard Beck geändert: Theuerdank greift einem Löwen ins Maul.
Im 16. Kapitel führt Fürwittig Theuerdank zu einem Löwen und will ihn auf die Probe stellen. Er erzählt ihm, der Löwe würde einen Helden mit „männlichem Gemüt" sofort erkennen und nicht angreifen. Tatsächlich bleibt der Löwe zahm, obwohl ihm Theuerdank ins Maul und an die Zunge greift. So muss Fürwittig weiter nachsinnen, ob er einen „subtilig Weg" finden könne, um den Helden zu vernichten.
CLAVIS: Pfinzing erläutert, dass der Zwischenfall mit dem Löwen „in Bayern" stattgefunden hat: Als Theuerdank dort einen „feurigen Löwen" sah, sei ihm die biblische Geschichte von Samson in den Sinn gekommen und spontan „riß er ihm das Maul auf und zog ihm die Zunge heraus".

Bild 17   von Leonhard Beck: Theuerdank erlegt ein angreifendes Wildschwein.
Im 17. Kapitel fordert Fürwittig Theuerdank zu einer besonderen Form der Wildschweinjagd auf. Ein großes Wildschwein sei in einem Graben gefangen worden, das nach Art dieses Landes zunächst mit Pfeilen beschossen und dann zu Fuß zur Strecke gebracht werden soll. Theuerdank kennt zwar diese Jagdform nicht, verschließt sich aber nicht diesem ungewöhnlichen Brauch. Und er kann das Wildschwein mit seinem scharfen Schwert erlegen.
CLAVIS: Diese Jagd hat im „Wald vor Brüssel" stattgefunden.

Bild 18   von Leonhard Beck: Bei einer Gämsenjagd im Hochgebirge kann Theuerdank nur mit einem Bein auf einem spitzen Felsen stehen.
Im 18. Kapitel wird Theuerdank ein zweites Mal auf die Gämsenjagd ins Hochgebirge geführt. Auf einem schmalen Grat kann er nur noch mit einem einzigen Fuß stehen und muss vorsichtig balancierend seinen Spieß werfen. Da es ihm aber gelingt, das Gleichgewicht zu halten, kann er die Gämse erlegen und sicher wieder herabkommen. Wiederum wird er mit falschem Lob von Fürwittig überschüttet.
CLAVIS: Diese Jagd fand im „unteren Inntal" statt.

Bild 19   von Leonhard Beck: Im tiefen Wald jagt Theuerdank mit seinem Jagdhund einen Eber mit einem kurzen Degen.
Im 19. Kapitel begibt sich Theuerdank auf eine Wildschweinjagd. Fürwittig überredet den Helden, statt des „Schweinschwertes" mit einem kurzen, nur 3 Spannen langen Degen anzugreifen. Aber auch diese gefährliche Situation meistert Theuerdank, da das Wildschwein die Gefahr wittert und flieht.
CLAVIS: Pfinzing erläutert, dass dieser übermütige Versuch („aus frecher Jugend") in „Österreich" stattgefunden hat.

Bild 20 von einem unbekannten Künstler: Eine weitere Gämsenjagd im Hochgebirge mit zahlreichen edlen Zuschauerinnen und mit Gefolge im Vordergrund.
Im 20. Kapitel führt eine Gämsenjagd Theuerdank hoch hinauf in die Berge, so dass er an einigen besonders steilen Stellen abzustürzen droht. Als seine Steigeisen ihm keinen Halt mehr bieten, kommt er in große Bedrängnis, doch der „Ewig Gott" rettet ihn auch in dieser Situation und lässt ihn wieder sicher herabsteigen.
CLAVIS: Diese Gämsenjagd hat bei Innsbruck stattgefunden.

Bild 21 von Hans Schäufelein, von Leonhard Beck geändert: An einer Mühle mit einem großen Polierrad beweist Theuerdank seine Geschicklichkeit.
Im 21. Kapitel führt Fürwittig Theuerdank zu einer Poliermühle, wo er ihn auffordert, seinen Fuß an das Schleifrad zu halten. Zwar nimmt der Held keinen Schaden, doch merkt er zum ersten Mal, dass Fürwittig ihn in diese gefährliche Situation gebracht hat. Es gelingt dem Hauptmann allerdings, Theuerdank noch einmal zu beschwichtigen.
CLAVIS: Pfinzing erläutert, dass dies, „wie die Schrift ausweist", im „Breisgau" geschehen ist.

Bild 22 von Hans Burgkmair: Theuerdank auf einem hohen Gebirgspfad auf Gämsenjagd, rechts stürzt sein Jagdbegleiter ab.
Im 22. Kapitel wird Theuerdank zum vierten Mal auf eine Gämsenjagd geführt, bei der ein Jäger ihn auf einen gefährlichen Pfad lockt, wo er abstürzen soll. Statt Theuerdank entgleitet aber dem Jäger der Halt, so dass er abstürzt und nur verletzt gerettet werden kann. Fürwittig sinniert, welche neuen Gefährdungen er sich ausdenken kann und beschließt, den Helden zu ertränken.
CLAVIS: Pfinzing weiß, dass der Jagdunfall im „Land Österreich ob der Enns" stattgefunden hat.

Bild 23 von Leonhard Beck: Theuerdank steht am Ufer eines zugefrorenen Flusses, an das er sich gerettet hat, während ein Begleiter im Eis eingebrochen ist.
Im 23. Kapitel lässt Fürwittig Theuerdank durch seine Knechte auf ein gefährlich dünnes Eis führen. Als es bricht, gelingt es Theuerdank aber, sich durch einen richtigen Sprung auf das Land zu retten, während der Knecht einbricht. Theuerdank rettet ihn und stellt ihn daraufhin zur Rede. Zum ersten Mal erfährt er jetzt definitiv, dass ihn Fürwittig absichtlich all diesen Gefahren ausgesetzt hat.
CLAVIS: Pfinzing berichtet, dass sich dieser winterliche Unfall in „Brügge zu Flandern" ereignet hat.

Bild 24 von Leonhard Beck: Theuerdank schlägt Fürwittig mit einem Fausthieb nieder.

Im 24. Kapitel stürzt Theuerdank zornerfüllt auf Fürwittig zu und fordert von ihm Rechenschaft. All sein Leugnen hilft nichts, Theuerdank lässt sich nicht weiter blenden. Er versucht, den Verräter mit seiner Faust niederzustrecken, der Hauptmann kann aber entfliehen. Theuerdank kann nun endlich zusammen mit Ehrenhold die Reise nach der ersehnten Königin fortsetzen, und bald gelangen die beiden an den zweiten Pass, an dem sie Unfalo treffen.

CLAVIS: Pfinzing erläutert, dass der Held mit dieser Tat die unreife Jugend und den „Fürwitz" abgelegt hat.

Kapitel 25–74: Theuerdanks Abenteuer mit Unfalo

Bild 25 von einem unbekannten Künstler: Theuerdank und Ehrenhold werden an einem Stadttor von dem zweiten Hauptmann, Unfalo, begrüßt.

Fürwittig berichtet im 25. Kapitel über einen Boten seinem Kumpanen Unfalo, dass der Held Theuerdank unverzagt alle Gefährdungen überstanden hat. Unfalo nimmt sich nun vor, mit seinen „Tücken" den Helden zu Fall zu bringen. Er begrüßt Theuerdank an dem Pass mit falscher Freundlichkeit, so dass ihn Theuerdank in seine Pläne einweiht und ihm mitteilt, dass er die Gunst der schönsten Frau der Welt erringen möchte und ihr „Dienstmann" werden wolle. Er lädt ihn in sein Haus ein und schmiedet Pläne, wie er ihn von der Weiterreise abbringen kann.

CLAVIS: Pfinzing erläutert, dass dieses Kapitel „poetisch" ist und eine neue Runde von Gefahren einleitet.

Bild 26 von Hans Schäufelein: Theuerdank steigt unversehrt die Treppe eines hohen Turmes herab, in dessen baufälliges Gemäuer ihn Unfalo geführt hat.

Im 26. Kapitel führt Unfalo seinen ersten teuflischen Plan aus, indem er den Helden überredet, auf einen hohen Turm zu steigen, um ihm von dort das weite Land, schöne Schlösser und Städte seiner Königin zu zeigen. Er geleitet ihn über eine „Schnecke", eine Wendeltreppe im Inneren des Turmes, nach oben und lässt dann – als es dunkel geworden ist – die Tür zuwerfen. Theuerdank muss nun über eine hölzerne Außentreppe ohne Geländer hinabsteigen. Unfalo hat einen „Stapfel brochen", eine Stufe zerbrochen, auf die Theuerdank tritt und nur mit Mühen sein Gleichgewicht halten kann, um einen Sturz in „nahend 30 Klafter" Tiefe zu verhindern. Nur einer seiner Stiefel fällt herab. Theuerdank überlebt diesen Anschlag nicht nur, sondern warnt aus Großmut sogar noch Unfalo vor den beschädigten Stufen. Unversehrt gelangen sie wieder auf sicheren Boden und setzen sich zum Abendessen. Unfalo grübelt aber die ganze Zeit, wie er mit einer „anderen Büberei" Theuerdank schaden kann.

CLAVIS: Pfinzing berichtet, dass sich dieser Unfall „zufällig in Schwaben" ereignet hat.

Bild 27 (fälschlich als „25" nummeriert) von Leonhard Beck: Theuerdank erlegt einen großen Bären.

Im 27. Kapitel lädt Unfalo ihn ein, einmal einen Bären zu töten, worin der Held gerne einwilligt. Unfalo führt ihn zu einem Bärenlager, wo der Held sofort angegriffen wird. Theuerdank kann aber ausweichen und sich hinter einem Baum verbergen. Der Bär glaubt, seinen Gegner erwischt zu haben, greift aber nur in eine Staude hinein. Daraufhin nimmt Theuerdank seinen Spieß und erledigt den Bären weidgerecht. Das ganze Gesinde, das davon hört, schwärmt von der Größe des Bären und von der Kühnheit des Helden.

CLAVIS: Pfinzing weiß, dass Maximilian im „Land ob der Enns" einen solchen Bären erlegt hat.

Bild 28 von Leonhard Beck: Theuerdank beweist seine Schwindelfreiheit durch Balancieren auf einem Rüstbalken (der Sturz und seine glückliche Rettung werden nicht gezeigt).

Unfalo sorgt sich, dass die positiven Meldungen des Helden zur Königin gelangen, und bringt Theuerdank daher auf einem morschen Rüstbalken in eine erneute Gefahr. Beim Besuch einer Burg fordert er Theuerdank auf zu beweisen, dass er schwindelfrei ist und sich auf einen herausragenden Balken stellen kann. Erwartungsgemäß bricht der angefaulte Balken rasch, Theuerdank kann sich aber an einem daneben stehenden Baum festhalten und wieder hinaufziehen. Unfalo tut so, als würde er dem Helden zu Hilfe eilen wollen, doch ist dieser guter Dinge. Unfalo ist der Verzweiflung nahe, da all seine „List, Schalkheit und Tücke" nicht ausreicht, um Theuerdank wirklich in Gefahr zu bringen.
CLAVIS: Pfinzing erläutert, dass sich dieser Bauunfall auf Schloss Maur im unteren Inntal mit einem verfaulten Balken ereignet hätte.

Bild 29 von Leonhard Beck: Theuerdanks Pferd ist auf einer mit Schnee bedeckten Eisfläche gestürzt, der Held bleibt aber unversehrt.

Im 29. Kapitel überredet Unfalo Theuerdank, mit ihm in finsterer Nacht über ein völlig schneebedecktes Feld zu reiten. Darunter befindet sich aber eine glatte Eisfläche, so dass sein Pferd stürzt und sein Sattel zerbricht, Theuerdank selbst aber bleibt unversehrt.
CLAVIS: Pfinzing gibt an, dass sich dieser winterliche Unfall „bei Nacht" im unteren Inntal ereignet hat.

Bild 30 von Hans Schäufelein (Monogramm), von Leonhard Beck geändert: Theuerdank stolpert mit der gespannten Armbrust in der Hand, als er sich mit den Reitsporen im Gebüsch verhakt.

Im 30. Kapitel überredet Unfalo Theuerdank, sich bei einer Hirschjagd mit einer angespannten Armbrust an das Tier heranzupirschen. Als er mit seinen Reitsporen an Dornen hängen bleibt, fällt er zu Boden, ist aber so besonnen, dass ihm weder das Geschoss noch die Sehne der Armbrust irgendwelche Verletzungen zufügen.
CLAVIS: Dieser Jagdunfall hat sich in „Brabant" ereignet, wobei sich Maximilian aber „aus trefflicher Besonnenheit" nicht verletzt hat.

Bild 31 von einem unbekannten Künstler: Theuerdank versucht, im Hochgebirge bei einer Jagd mit seiner Stange zu springen.

Das 31. Kapitel berichtet über ein Abenteuer im Hochgebirge bei der Gämsenjagd. Unfalo redet ihm ein, dass er bei den Frauen einen großen Eindruck hinterlassen wird, wenn er dort ein Tier erlegt. Beinahe begibt er sich in große Gefahr, da er im Hochgebirge einen Stabsprung versucht, wie es nur im flachen Gelände möglich ist. Einer der Jäger ruft ihm aber rechtzeitig eine Warnung zu, so dass er den „Bickensprung" unterlässt.
CLAVIS: Pfinzing schreibt, so ist es einmal aus Unachtsamkeit im „Haller Tal" geschehen.

Bild 32 von Hans Schäufelein, von Leonhard Beck geändert: Unfalo (am Ufer) hat Theuerdank in ein Boot mit viel zu großem Segel gelockt, mit dem er in „Wassernot" gerät. Zur Rechten zwei panische Besatzungsmitglieder.

Im 32. Kapitel wird einmal eine Gefahr auf dem Meer erprobt. Unfalo wählt eines der kleinsten Boote aus, das mit einem viel zu großen Segel versehen wird. Als ein Unwetter bevorsteht, überredet er Theuerdank zur Ausfahrt. Die Schiffsleute hat er zunächst mit Silber sowie Gold und später mit Drohungen dazu überredet, auch bei dem Unwetter auszulaufen. Als der „große Wind" beginnt, drückt das Segel das Boot hernieder. Theuerdank kommt auf die gute Idee, das Segel einfach abzuschneiden. Die gesamte Mannschaft erreicht unversehrt das Ufer. Unfalo begrüßt ihn ebenso falsch wie freundlich, verwünscht ihn aber insgeheim. Theuerdank merkt immer noch nicht, dass all die Gefahren ein abgekartetes Spiel darstellen.

CLAVIS: Pfinzing erläutert, dass dies dem Theuerdank „in Holland" durch einen „unerhörten großen Sturmwind" zugestoßen ist, der dort oft weht.

Bild 33 von Leonhard Beck: Bei einer Jagd stürzt das Pferd Theuerdanks, er bleibt aber unversehrt.

Im 33. Kapitel bringt Unfalo den Helden bei einer Hirschjagd in eine schwierige Situation. Unfalo kennt einen gefährlichen Hirsch, der auf der Flucht immer einen steilen Hügel entlangrennt, so dass der Jäger Gefahr läuft, in eine tiefe Schlucht hinabzustürzen. Die Parforce-Jagd geht durch Stauden und kräftige Dornen den steilen Berg hinauf, und Theuerdanks Pferd springt acht Klafter tief in eine Schlucht. Aber das Pferd fängt den Sturz so geschickt ab, dass es nur herabgleitet und auf dem Bauch landet. So geschieht Theuerdank auch bei diesem gefährlichen Sturz nichts.

CLAVIS: Pfinzing verlegt dieses Ereignis in den „brabandischen Wald".

Bild 34 von einem unbekannten Künstler: Als Theuerdank mit einer beschädigten Armbrust auf einen Vogel schießt, springt ein Stück Stahlsehne ab, das ihm das schwarze Barett vom Kopf reißt und den hinter ihm stehenden Begleiter trifft.

Unfalo lässt nichts unversucht und will Theuerdank im 34. Kapitel mit einem Armbrustbogen aus Stahl tödlich verletzen. Er zeigt ihm einen sonderbaren Vogel auf dem Baum und gibt ihm seine Armbrust, um ihn abzuschießen. Als Theuerdank die defekte Armbrust spannen will, springt aus dem Bogen ein Stück Stahl, das sein eigenes Barett vom Kopf schlägt und den hinter ihm stehenden Diener schwer verwundet. Theuerdank, der von dem Schlag auch kurz bewusstlos war, hilft dem Knecht aber auf, so dass er wieder gesundet.

CLAVIS: So ist es Maximilian beim Brechen eines stählernen Bogens ergangen.

Bild 35 von Leonhard Beck: Theuerdank im Bildmittelgrund bleibt bei der Wildschweinjagd mit seinem rechten Fuß im Steigbügel hängen, greift aber dennoch das Wildschwein mit dem Schwert an.

Das 35. Kapitel zeigt Theuerdank bei einer Wildschweinjagd. Er will auf das Wildschwein zu Fuß zugehen und steigt vom Pferd, bleibt allerdings im Steigbügel hängen. Das Wildschwein stürzt auf das Pferd und den Jäger zu, der es aber mit seinem Schwert trotz seiner unglücklichen Position „meisterlich" erlegt.

CLAVIS: Pfinzing verweist auf eine ähnliche Episode im Brüsseler Wald.

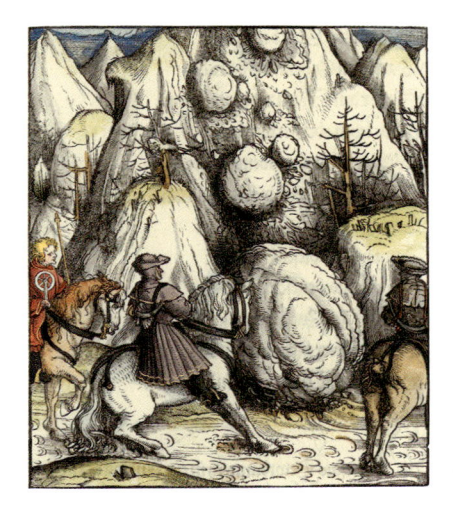

Bild 36 von Hans Burgkmair: Perspektivisch übergroße Schneelawinen rollen auf Theuerdank zu.

Im 36. Kapitel wird Theuerdank im Winter durch Schneelawinen im Gebirge bedroht. Er wird von Unfalo in das Gebirge gelockt mit dem Versprechen auf gute Jagdbeute. Heimlich sendet Unfalo aber Knechte voraus, die Schneeballen herabwerfen, die sich zu Lawinen entwickeln; nur durch Geschwindigkeit und das Geschick seines Pferdes gelingt es Theuerdank dreimal, den Schneemassen zu entkommen.

CLAVIS: Pfinzing verweist auf drei große Schneelawinen, die auf den Helden im Halltal am Inn niedergegangen sind.

Bild 37 von Leonhard Beck: Ein Bauer wirft bei der Gämsenjagd im Hochgebirge Steine auf Theuerdank und seinen Begleiter, der stürzt.

Auch im Sommer lebt Theuerdank gefährlich: Im 37. Kapitel werfen zwei gedungene Bauern große Steine bei einer Gämsenjagd auf Theuerdank herab. Der eine Stein schlägt ihm seinen Hut vom Kopf und in die Erde ein großes Loch, der zweite Stein trifft einen Jäger, der ihn begleitet. Durch die Warnung des Helden kann der begleitende Jäger vor dem Absturz bewahrt werden.

CLAVIS: Pfinzing erläutert, dass dies im „Stamacher Tal" geschehen ist.

Bild 38 von einem unbekannten Künstler: Zu Fuß stürzt Theuerdank auf glattem Untergrund und fällt beinahe in sein eigenes Schwert, während seine Hunde das Wildschwein weiterjagen.

Im 38. Kapitel verführt Unfalo Theuerdank wiederum zu einer Wildschweinjagd, diesmal soll er die Sau zu Fuß mit dem Schwert erledigen. Unfalo führt ihn auf einen glatten Weg, auf dem Theuerdank ausrutscht und zunächst sein Schwert verliert, an dem er sich beinahe selbst verletzt. Er kann sich aber aus eigener Kraft erheben und mit dem Schwert das Schwein erlegen.

CLAVIS: Pfinzing berichtet, dass dies im „Brabander Wald" geschah.

Bild 39 von Hans Schäufelein (Monogramm): Theuerdank steht mit offenem Feuer vor einer explodierenden Kanone.

Im 39. Kapitel soll Theuerdank mit einer besonderen Arglist zu Tode kommen. Unfalo möchte ihm ein spezielles Geschütz zeigen, das er insgeheim mit viel Pulver geladen hat. Er reicht ihm ein Windlicht und fordert ihn auf, direkt in die Mündung zu schauen. Da Theuerdank nicht weiß, dass die Kanone gefüllt ist, sieht er wirklich hinein, wobei sich das Pulver entzündet und die Kanone explodiert. Theuerdank springt aber geschickt zur Seite, nur sein Windlicht wird ihm aus der Hand gerissen. Zornig wendet sich Theuerdank an Unfalo, der aber die Schuld auf die Diener schiebt, die auch ihm nicht verraten hätten, dass die Kanone geladen sei.

CLAVIS: Pfinzing verweist auf ein Geschehen in Österreich „unter der Enns".

Bild 40 von einem unbekannten Künstler: Ein Leithund versucht, Theuerdank in eine Fallgrube zu ziehen, während er einem Hirsch hinterhersprengt.

Das 40. Kapitel handelt wiederum von einer Hirschjagd, bei der der Held von einem Leithund in eine Fallgrube oder in eine Wolfsgrube gezogen werden soll. Theuerdank gelingt es allerdings, das Leitseil um einen Baum zu wickeln und unversehrt aus dem Wald herauszukommen.

CLAVIS: Pfinzing vermeldet, dass dies dem Helden in „Torn zu Ernburg" geschehen sei.

Bild 41 von Leonhard Beck: Theuerdank erlegt ein Wildschwein mit seinem Schwert, während im Vordergrund sein am linken Vorderhuf angegriffenes Pferd lahmt.

Erneut soll ein Wildschwein Theuerdank zu Fall bringen, Unfalo treibt mit Jagdhunden das Wildschwein auf den Helden zu. Das Schwein reißt Theuerdanks Pferd einen Huf ab, worauf der Held in einen Dornbusch fällt. Er fasst sich aber rasch wieder, greift behände zum Schwert und ersticht das Schwein.

CLAVIS: Dieses Ereignis geschah im „Brüsseler Wald".

Bild 42 von Hans Schäufelein (Monogramm): Theuerdank vertreibt zwei Löwen mit einer Schaufel.

Mit einer List führt Unfalo Theuerdank in ein Haus, in dem sich zwei Löwen befinden, die mutige Menschen nicht angreifen sollen. Als sie sich aber gleich auf ihn stürzen, nimmt der Held „eine Schaufel, die an der Wand lehnt" und schlägt mit aller Kraft auf die Löwen ein, die darauf die Flucht ergreifen.

CLAVIS: Pfinzing erläutert, dass dies im „Stift Utrecht" geschehen ist.

Bild 43 von Leonhard Beck: Wiederum in „Wassernot" bleibt Theuerdank ruhig und besonnen, während die Schiffsleute verzweifelt um Hilfe schreien und beten.

Das 43. Kapitel führt Theuerdank wieder auf das Meer, diesmal allerdings in eine „große Wassernot". Mitten auf dem Meer bricht ein starker Sturm los, der die „Schiffsleute" zur Resignation führt: Die Schiffsleute lassen die Ruder fallen und beten zu Gott. Theuerdank aber ruft die Schiffsleute zurück zu ihrer Arbeit, so dass sie gerettet werden können. In der Gefahr behält Theuerdank einen kühlen Kopf, erst als sie wieder an Land sind, „danket er Gott für die große Gnad".

CLAVIS: Pfinzing verlegt dieses Ereignis nach Westfriesland.

Bild 44 von Hans Burgkmair: Theuerdank reitet durch den dichten Wald mit einer schussbereiten Armbrust, deren Pfeil sich löst und an seinem Kopf vorbeischwirrt, den er geistesgegenwärtig zurückreißt.

Im 44. Kapitel versucht Unfalo wieder, den Helden bei einer Hirschjagd durch die Waffe selbst zu Fall zu bringen. Er überredet ihn, mit einem gespannten Stahlbogen gegen den Hirschen vorzugehen. Als sich der Schuss löst, gelingt es ihm, seinen Kopf zurückzureißen, so dass er nicht verletzt wird.

CLAVIS: Dies geschah im Wald von Brabant.

Bild 45 von Hans Schäufelein, von Leonhard Beck geändert: Theuerdanks Pferd stürzt in einen Graben neben der Straße.

Bei einer Wildschweinjagd im 45. Kapitel wird eine neue gefährliche Situation vorbereitet, da neben einer Straße ein verdeckter Wasserlauf führt. Die Hunde stellen die Wildschweine im Wald, und Theuerdank will hinzugaloppieren. Dabei tritt sein Pferd mit den Vorderfüßen in den verdeckten Wasserlauf. Mit viel Glück gelingt es dem Helden, sein Pferd daraus zurückzuleiten.

CLAVIS: Pfinzing erläutert, dass dies „zu Landsrot im Brüsseler Wald" geschehen ist.

Bild 46 von Hans Schäufelein, von Leonhard Beck geändert: Im Winter überquert Theuerdank mit dem hölzernen Boot einen See, der mit Eisschollen bedeckt ist; Schiffsleute recken die Arme um Hilfe.

Mitten im Winter veranlasst Unfalo im 46. Kapitel Theuerdank mit einem Boot auf einem zugefrorenen See zu fahren. Das Eis dringt durch die Schiffsplanken. Theuerdank kommt auf die Idee, mit Kleidungsstücken und Teilen des Segels das Leck abzudichten, so dass die Schiffsleute das Ufer gerade noch erreichen, kurz bevor das Boot vor ihren Augen versinkt. Theuerdank beschließt, sich künftig vor dem Meer zu hüten.

CLAVIS: Pfinzing berichtet, dass dies in „Holland" geschah.

Bild 47 von Hans Burgkmair: Theuerdank vertreibt einen Bauern mit einem Faustschlag als sein Pferd auf einer schiefen Ebene im Gebirge scheut.

Im 47. Kapitel versucht Unfalo, sowohl mit einem scheuenden Pferd als auch mit einem bestochenen Bauern Theuerdank zu Tode zu bringen. Er leiht ihm ein Pferd, das ihm bei seinem Ritt über ein Gebirge in arge Bedrängnis bringt, da es sehr leicht scheut. Ein von Unfalo gekaufter Bauer versucht, an einer gefährlichen Wegstrecke das Pferd zu erschrecken. Der Bauer sollte dann hinzueilen und Pferd und Reiter in den Abgrund stoßen. Theuerdank lässt den Knecht aber nicht an sich heran, sondern vertreibt ihn mit einem Fausthieb.

CLAVIS: Pfinzing erläutert, dass in dieser Episode die Besonnenheit Maximilians deutlich wird.

Bild 48 von Hans Schäufelein (Monogramm): Theuerdank im beherrschenden Bildmittelgrund erlegt einen Bären mit einem übergroßen Spieß.

Unfalo ermuntert Theuerdank im 48. Kapitel zu einer Bärenjagd, da er weiß, dass dieser Bär auf einem schmalen Pfad an einem Abgrund zu finden ist und er hofft, dass der Held dort abstürzt. Der erfahrene Jäger Theuerdank wirft dem Bären allerdings den Spieß schon von weitem entgegen, so dass der Bär verwundet abstürzt.

CLAVIS: Pfinzing behauptet, dass dies bei der Burg zu Tirol geschah.

Bild 49 von Hans Burgkmair, von Leonhard Beck geändert: Bei starkem Regen prasselt Geröll zwischen die Füße Theuerdanks.

Im 49. Kapitel muss Theuerdank erneut eine Gefahr bei der Gämsenjagd überstehen. Diesmal ist durch einen Regenguss das Geröll im Gebirge ins Rutschen gekommen, und ein großer Stein trifft ihn an beiden „Sparadern", den Krampfadern am Bein. Obwohl dadurch zunächst in der Bewegung eingeschränkt, kann Theuerdank dennoch sicher zurückkommen.

CLAVIS: Pfinzing weiß, dass dies „am Hellkopf im unteren Inntal" geschah.

Bild 50 von Hans Schäufelein, von Leonhard Beck geändert: Während Theuerdank in voller Rüstung eines von drei Geschützen anzündet, explodiert dieses.

Im 50. Kapitel wird Theuerdank aufgefordert, eine neue Waffe auszuprobieren, eine so genannte „Schlangenbüchse". Da der Hauptmann Unfalo sie aber vorher hat überladen lassen, explodiert sie beim Abschuss. Teile der Waffe hätten Theuerdank beinahe die Beine zerfetzt. Erregt stellt er Unfalo zur Rede, der sich wieder einmal herauswinden kann. Zum ersten Mal wird Theuerdank jetzt aber auch Unfalo gegenüber misstrauisch und fragt sich, warum er ihm bisher blind vertraut hat.

CLAVIS: Pfinzing erläutert, dass dieses Ereignis generell für alle Gefahren steht, denen sich Theuerdank in der Picardie mit großen Geschützen aussetzte.

Bild 51 von Leonhard Beck: Theuerdanks Pferd scheut und knickt ein, im Hintergrund rennt ein Wildschwein in den Wald.

Im 51. Kapitel nimmt Theuerdank trotz seines Misstrauens ein Ross als Geschenk an, das von Unfalo besonders angepriesen und als sein liebstes Pferd deklariert wird. Theuerdank reitet damit auf die Wildschweinjagd, wo das Pferd scheut und an einem schmalen Steig in einen tiefen Abgrund springt. Theuerdank meistert aber diese Situation, er lässt sich sogar ein weiteres Pferd geben, mit dem er das Wildschwein erlegt.

CLAVIS: Pfinzing kann genau erläutern, dass dies „zwischen Tortnau und Janua in Italia im Weingart Maurn" geschehen ist.

Bild 52 von Leonhard Beck: **Ein großer feuriger Blitzstrahl schlägt direkt vor den Füßen Theuerdanks ein.**

Die Naturgewalten werden von Unfalo im 52. Kapitel bemüht: Als er ein Unwetter herannahen sieht, ermuntert er Theuerdank trotzdem auszureiten. Es kommt zu einem Unwetter mit Hagel und Donner, „als wollte Himmel und Erde zerbrechen". Mit einem kräftigen Donnerschlag schlägt ein Blitz unmittelbar neben ihm ein und verursacht ein großes Loch „etlich Klafter in die Erd".
CLAVIS: Dies geschah „im Land zu Steyr".

Bild 53 von Leonhard Beck: **Ein von einem Jagdhund ausgelöster Steinschlag trifft einen Jagdgehilfen Theuerdanks, der ihm wiederum aufhilft.**

Erneut birgt im 53. Kapitel eine Gämsenjagd Gefahren durch einen gefährlichen Steinschlag, der freilich durch die Tücke des Unfalo mit Hilfe der Jagdhunde bewusst ausgelöst wurde. Sein Jagdgehilfe bekommt einen Stein auf den Kopf, so dass er bewusstlos niedersinkt, von Theuerdank jedoch schnell gerettet wird, so dass er nicht auch noch abstürzt.
CLAVIS: Pfinzing behauptet, so ist es im „unteren Inntal" geschehen.

Bild 54 von Leonhard Beck: **Bei einem Stechen [Turnier] kann Theuerdank sein ausgebrochenes Pferd im letzten Moment vor einem Fluss zum Stehen bringen. Der Held ist in einem vergoldeten Harnisch zu sehen.**

Das 54. Kapitel führt Theuerdank zum ersten Mal in eine wirkliche ritterliche Auseinandersetzung, in ein „Stechen", ein Turnier im Zweikampf zu Pferde. Hinterlistig stellt ihm der Hauptmann ein ungeeignetes Pferd zur Verfügung, das bei solchen Situationen immer durchzugehen pflegt. Da zudem der Ort noch so ausgewählt wurde, dass das Pferd (wie es Sitte war mit zugebundenen Augen) auf einen tiefen Wassergraben zugaloppieren muss, kann Theuerdank das durchgehende Pferd nur ganz knapp im letzten Moment herumreißen, nur „6 Schritt ungefähr" vor dem Graben.
CLAVIS: Dieses Turnier soll zu Brabant stattgefunden haben.

Bild 55 von Leonhard Beck: **Im Hochgebirge werden Steine auf Theuerdank geworfen, der sich aber duckend in Sicherheit bringen kann.**

Die Angriffe von Unfalo werden immer unorigineller. Im 55. Kapitel führt er Theuerdank wiederum auf eine Gämsenjagd, bei der ein gedungener Bauer „ließ herab laufen einen Stein". Theuerdank kann sich aber rechtzeitig ducken, so dass er den Stein nicht abbekommt und „behänd" wieder in das Tal herunter schreitet.
CLAVIS: So ist es im „Steinacher Tal" geschehen.

Bild 56 von Leonhard Beck: Der Holzschnitt zeigt Theuerdank in einer gewagten Pose, als er sich im Hochgebirge an einer Stange herabzuschwingen versucht.

Das 56. Kapitel zeigt erneut eine Gämsenjagd, bei der ein starker Wind Theuerdank in Schwierigkeiten bringen soll. An einer Kletterstange versucht er im Gebirge einen tieferen Platz zu erreichen. Es gelingt ihm aber trotz des starken Windes, das Gleichgewicht zu behalten und wieder festen Boden unter den Füßen zu bekommen.

CLAVIS: Dies geschah im „unteren Inntal".

Bild 57 von Hans Schäufelein, von Leonhard Beck geändert: Theuerdank hantiert mit einer explodierenden Büchse auf einem Gestell (der Knecht, der sich in dieser Episode die Hand verbrennt, ist nicht mit in das Bild aufgenommen).

Im 57. Kapitel ist es wieder eine gefährliche, überladene Waffe, dieses Mal eine „Hakenbüchse", die Theuerdank töten soll. Schaden erleidet aber Theuerdanks Knecht. Als er die Büchse anzündet, verbrennt er sich seine Hand und wird am Arm verletzt. Scheinheilig ermahnt Unfalo die Knechte, dass sie die Büchse zu „hart" geladen hätten.

CLAVIS: Pfinzing erläutert, dass diese Episode aus Kärnten für alle Unglücksfälle mit kleinen Geschützen zu lesen ist.

Bild 58 von Hans Schäufelein (Monogramm), von Leonhard Beck geändert: Theuerdank steht in voller Rüstung, nur von Ehrenhold begleitet, auf einem Boot, das randvoll mit Pulverfässern angefüllt ist. (Unfalo verweist zwar vom Ufer aus auf die Fässer, das gefährliche Zündeln ist jedoch nicht zu sehen.)

Obwohl sich Theuerdank im 46. Kapitel vorgenommen hatte, künftighin die Gefahren auf See zu meiden, lässt er sich im 58. Kapitel noch einmal von Unfalo überreden, ein Schiff zu besteigen, von dem man aus Vögel schießen wollte (der Text spricht von „Feldgeflügel"). Ein bestochener Knecht soll das ganze Schiff in Brand setzen, indem er einen „Zündstrick" auf die Pulverfässer im Boot wirft. Der Pulversack entzündet sich aber nicht, denn „Gott behüt sie allesamt", und sie können sicher wieder an Land kommen.

CLAVIS: Diese Gefahr soll sich in Geldern ereignet haben.

Bild 59 von Leonhard Beck: Bei einer Gämsenjagd werden perspektivisch arg verzerrt Theuerdank und einer seiner Begleiter gezeigt, die in den Wald gestürzt sind.

Bei einer erneuten Jagd im 59. Kapitel trifft Theuerdank zusammen mit seinem begleitenden Jäger auf einen Steinbock hoch oben im Gebirge. Gerade als der begleitende Jäger erkennt, dass die Gegend nicht trittfest, sondern „mürb und faul" ist, bricht ein Fels unter ihnen, und beide stürzen in die Tiefe. Beide können sich aber an einer „Staude" festhalten und sicher wieder aus dem Wald herausgehen. Theuerdanks Misstrauen Unfalo gegenüber verdichtet sich jedoch und er fürchtet, dass Unfalo ihn umbringen lassen möchte.

CLAVIS: So ist es im „Land ob der Enns" geschehen.

Bild 60 von Leonhard Beck: Bei der Besichtigung einer Rüstkammer hält ein Narr in buntem Gewand Feuer an zwei Pulverfässer. Theuerdank fällt ihm jedoch in den Arm.
Unfalo greift nun zu immer gravierenderen Maßnahmen und stiftet einen „Narren" dazu an, Pulver in einer Kammer, in der sich Theuerdank befindet, zur Explosion zu bringen. Theuerdank, der gerade seine Büchse laden möchte, erkennt die Gefahr, packt den Narr am Arm, verpasst ihm einen „guten Maulstreich" und zieht ihn von den Pulverfässern weg.
CLAVIS: Wegen der Unvorsichtigkeit eines Dieners soll dies Maximilian in Ober-Tirol geschehen sein.

Bild 61 von Hans Burgkmair: Ein Eber rast auf das Pferd Theuerdanks zu, der ihn vom Pferd herab ersticht.
Im 61. Kapitel begibt sich Theuerdank auf eine Wildschweinjagd, zu der Unfalo ein gefährlich „großhauend" Schwein gegen ihn rennen lässt. Das anstürmende Schwein tötet sein Pferd, verletzt ihn auch am Fuß, so dass er einige Tage humpeln muss.
CLAVIS: Pfinzing berichtet, dass dies in Brabant geschehen ist.

Bild 62 von Leonhard Beck: Theuerdank rutscht im Gebirge aus, kann sich aber noch an seiner Stange festhalten.
Bei der 13. Gämsenjagd im 62. Kapitel rutscht Theuerdank auf einem moosigen Felsen aus, kann sich jedoch an einem „Schaft" festhalten, sonst wäre er mehrere hundert Klafter tief zu Tode gefallen.
CLAVIS: Pfinzing erläutert, dass dies „im Gufel im unteren Inntal" passierte.

Bild 63 von Hans Burgkmair, von Leonhard Beck geändert: Unfalo führt Theuerdank in vollem Harnisch reitend zu einer Burg. Mit den Vorderläufen gerät der Schimmel des Helden in ein Wasserloch.
Im 63. Kapitel zeigt Unfalo seinem Gast ein altes großes Schloss, von dem er weiß, dass sich dort ein halb zugewachsener, tiefer Brunnen befindet. Durch das „lange verwachsene Gras" ist die Gefahr nicht zu erkennen. Es gelingt Theuerdank aber noch im letzten Moment, das Pferd herumzureißen.
CLAVIS: Dies ist zu Luxemburg geschehen.

Bild 64 von Leonhard Beck: **Das Boot von Theuerdank (wieder in voller, goldener Rüstung) geht beinahe unter; die Schiffsleute ringen die Hände.**
Im 64. Kapitel wollen sie erneut ein Schloss besichtigen, wozu sie allerdings eine Seefahrt hinter sich bringen müssen. Durch ein Unwetter kommen alle in große Seenot, doch der Steuermann führt beherzt das Ruder. Am anderen Ufer wird er durch einen Vertrauten des Unfalo, einen „Hauptmann" mit falscher List empfangen.
CLAVIS: Diese Gefährlichkeit fand auf der Schelde in Flandern statt.

Bild 65 von Leonhard Beck: **Theuerdanks Boot wird von einem anderen Boot bedrängt und bricht auseinander.**
Erneut ist es im 65. Kapitel eine Seefahrt, die den Helden in große „Wassernot" bringt. Unfalo richtet es so ein, dass Theuerdanks Schiff von einem anderen gerammt wird, so dass es zerbricht. Theuerdank kann sich nur retten, indem er einen Strick ergreift und sich daran mit allen Kräften festhält. „Viel Volk", das vom Land aus die Szene beobachtet, fällt auf die Knie und bittet Gott, dass er den Schiffleuten und Theuerdank helfen möge. Und so geschieht es.
CLAVIS: Dies geschah bei Antwerpen.

Bild 66 von Leonhard Beck: **Theuerdank jagt Gämsen im Hochgebirge, einer seiner Begleiter stürzt ab.**
Das 66. Kapitel führt Theuerdank wiederum in das Hochgebirge zu einer Gämsenjagd, wo er dazu verführt wird, über ein gefährliches Schneebrett auf einem Gletscher zu gehen. Sein begleitender Jäger rutscht trotz seiner Schneeeisen aus und fällt „über die Wand". Theuerdank gelingt es aber, sich auf einem sicheren Pfad wieder ins Tal zu begeben.
CLAVIS: Pfinzing berichtet, dass diese Jagd im Fürstentum Steyr stattgefunden hat.

Bild 67 von Leonhard Beck: **Theuerdank, auf einem Thronsessel sitzend, wird durch einen Arzt beraten. Im Hintergrund ein Diener, der ihm eigene Medizin besorgt.**
Im 67. Kapitel erleidet Theuerdank ohne das Zutun von Unfalo eine schwere Krankheit. Dieser will aber die Situation nutzen und stachelt verschiedene Ärzte an, eine falsche Diagnose zu stellen. So geben sie dem Helden nur eine sehr „schwache Arznei", durch die er immer kränker wird. Aber selbst in dieser Situation behält Theuerdank den Überblick. Er widerspricht der ärztlichen Anordnung und lässt sich von einem getreuen Diener bessere Medizin besorgen, durch die er tatsächlich wieder gesundet. Im Schlussmonolog beklagt Unfalo, dass er gar nicht mehr weiß, was er noch alles versuchen soll, um den Helden zu besiegen.
CLAVIS: Pfinzing erläutert, dass dies in Holland geschah.

Bild 68 von Leonhard Beck: Bei einer Wildschweinjagd stürzt Theuerdanks Pferd zu Boden (dass es im Eis einbricht, ist auf dem Bild kaum erkennbar).

Im 68. Kapitel geht es wiederum um eine Wildschweinjagd im Winter. Unfalo stachelt den Helden dazu an, über ein zugefrorenes Wasser zu reiten, um dem Wildschwein den Weg abzuschneiden. Allerdings bricht das Pferd ein und Theuerdanks Schwert zerbricht bei dem Sturz. Nur durch seine Geschicklichkeit und Besonnenheit kommt er lebend aus dieser schwierigen Situation heraus und stellt dieses Mal Unfalo direkt zur Rede. Der verteidigt sich aber und behauptet, am Vortag selbst sicher über das Eis geritten zu sein. Er macht Theuerdank sogar noch Vorwürfe, dass er viel zu ungestüm auf dem Eise geritten sei.

CLAVIS: Dieser Vorfall ereignete sich in Niederschwaben.

Bild 69 von Hans Schäufelein (Monogramm): Bei einer Jagd mit Begleitern im Hochgebirge kann Theuerdank einen seiner Jagdknechte festhalten, der gestürzt ist.

Im 69. Kapitel soll Theuerdank durch einen Steinschlag bei einer Gämsenjagd, wiederum ausgelöst durch gedungene Bauern, getötet werden. Aber der schwere Stein nimmt grundlos eine andere Richtung und trifft den Knecht, der im letzten Augenblick von Theuerdank vor dem Absturz in die Tiefe bewahrt wird. Erneut ist es Theuerdank gelungen, aus dem offensichtlich „morschen Berg" heil nach Hause zu kommen und auch seine Begleiter zu beschützen.

CLAVIS: Dies ereignete sich „zu Zirl im unteren Inntal".

Bild 70 von Hans Schäufelein (rechts unten sein Monogramm, links daneben das Monogramm des Formschneiders Jost de Negker – allerdings durch die Übermalung hier kaum zu erkennen), von Leonhard Beck geändert: Maximilian liegt erschöpft auf einem Lager, vor dem sich mehrere Ärzte beraten.

Im 70. Kapitel erkrankt Theuerdank erneut an einem heftigen Fieber. Die bestochenen Ärzte überreden ihn, noch weitere heiße Speisen zu sich zu nehmen, die das Fieber hochtreiben. Er behält aber die Übersicht und lässt sich von seinem Diener kaltes Wasser bringen, das ihn – gegen den Rat der Ärzte – gesunden lässt.

CLAVIS: Diese Erkrankung fand im Frankenlande statt.

Bild 71 von Leonhard Beck: Theuerdank schießt mit einer Armbrust auf eine Gämse, die auf ihn herabzustürzen droht.

Im 71. Kapitel wird Theuerdank von Unfalo zu einer Gämsenjagd an einen besonders gefährlichen Ort geführt, an dem die erschossenen Gämsen leicht auf die Angreifer herunterfallen und auf diese Weise die Schützen mit in den Abgrund reißen. Ein Diener versucht, Theuerdank im letzten Moment auf diese besondere Gefährdung hinzuweisen, was von diesem aber nicht beachtet wird. Die Gämse fällt daraufhin genau in seine Richtung. Da sie aber noch vor ihm einmal aufschlägt, kann er sich ducken und in Sicherheit bringen.

CLAVIS: Diese Gefährlichkeit widerfuhr Theuerdank im „Steinacher Tal".

Bild 72 von Hans Schäufelein, von Leonhard Beck geändert: Ein Sturm mit Hagel bringt Theuerdank (im goldenen Harnisch) und die ihn in dem Boot begleitenden Seeleute in „Wassernot".

Im 72. Kapitel gerät Theuerdank erneut in Seenot, als ein Sturm aufkommt und die Schiffsleute wegen ihrer Trunkenheit sich nicht zu helfen wissen. Der Held aber greift besonnen „des Schiffes Seil" und bringt es unversehrt an das Ufer zurück.
CLAVIS: Pfinzing erläutert, dass dies „in Seeland" stattgefunden hat.

Bild 73 von Leonhard Beck: In dem zweigeteilten Raum liegt links Theuerdank in vollem Harnisch perspektivisch verzerrt in seiner Kammer, während nebenan Feuer gelegt wird.

Im 73. Kapitel startet Unfalo seinen letzten Versuch und will Theuerdank in einer „hölzernen Stube" verbrennen. Theuerdank ist aber auch im Schlaf auf der Hut, er riecht den Qualm und flieht aus der brennenden Kammer.
CLAVIS: Pfinzing erläutert, dass dieses Ereignis aus dem Frankenland exemplarisch für alle Feuersbrünste steht, denen Theuerdank im Laufe seines Lebens begegnete.

Bild 74 von Leonhard Beck: Theuerdank in voller, goldener Rüstung packt Unfalo am Genick und führt ihn ab.

Im 74. Kapitel hat Theuerdank endgültig verstanden, dass Unfalo ihm nach dem Leben trachtet. Er lässt sich auf seine weitschweifigen Ausreden nicht mehr ein, fasst ihn hart an und lässt ihn abführen. Dennoch kann Unfalo aber entfliehen und seinen Kumpanen Neidelhart verständigen, der nun die Gegnerschaft übernimmt.
CLAVIS: Pfinzing führt aus, dass dies „Poeterei" sei, dass dadurch aber deutlich werde, dass der Held ein Alter erreicht hat, in dem er sich vor solchen Unfällen in acht nehmen wird.

Kapitel 75–97:
Theuerdanks Abenteuer mit Neidelhart

Bild 75 von Leonhard Beck: Vor einer Stadtmauer wird Theuerdank in vollem Harnisch von dem dritten Hauptmann Neidelhart empfangen.

Das 75. Kapitel bietet die Exposition zum dritten Hauptteil, in dem Theuerdank vom Hauptmann Neidelhart im ritterlichen Kampf und bei kriegerischen Auseinandersetzungen bedrängt wird. Der Leser erfährt, dass dieser dritte Pass von „dem bösen Neidelhart" besetzt ist, der den Helden aber wiederum mit falscher Freundlichkeit empfängt und ihm „groß Reverenz" erweist. Er begrüßt ihn im Namen der Königin, und Theuerdank versichert ihm, dass er der edlen Königin künftig ein „treuer Dienstmann" sein möchte. Er äußert allerdings seine Verwunderung, dass ausgerechnet zwei Hauptleute der Königin, Unfalo und Fürwittig, ihn in große und arge Schwierigkeiten gebracht hätten. Neidelhart gelingt es aber, Theuerdank einzureden, dass dies alles nur Prüfungen gewesen seien, damit ihre Herrin auch sicher sei, den besten Gatten zu bekommen. Der

künftige König soll nämlich adliger Herkunft sein, voller „Mannheit", mit „Vernunft und Weisheit" versehen, der mit Elan ritterliche Taten auf sich nimmt und unverdrossen fechten und kämpfen kann. Mit diesen Prüfungen gibt Neidelhart schon einen Hinweis auf Theuerdanks künftige Herausforderungen. Und es gelingt ihm tatsächlich, Theuerdank noch einmal davon zu überzeugen, dass seine „zwei Gesellen" ihn völlig arglos bereits durch Prüfungen geführt haben. Neidelhart selbst quartiert Theuerdank in einem „schönen Haus" ein, wo alle in „Saus" leben, während er aber Pläne schmiedet, Theuerdank in „Leid und Weh" zu bringen.
CLAVIS: Pfinzing erläutert, dass der Hauptmann Neidelhart als eine Allegorie für Neid und Hass zu verstehen ist.

Bild 76 von Leonhard Beck: Bei einer nächtlichen Seeüberquerung läuft das Schiff Theuerdanks direkt auf die feindlichen Geschütze zu.
Im 76. Kapitel beginnt Neidelhart, Theuerdank „Schaden, Nachteil und Unruhe" zuzufügen. Er überzeugt Theuerdank davon, dass es bei einem kriegerischen Überfall eines „großmächtigen Herrn" eine gute Chance gäbe, seine Treue und Tapferkeit für die Königin zu beweisen. Theuerdank wird an die Spitze einer kriegerischen Flotte gestellt, die gegen die feindliche Küste mit zahllosen Geschützen ausläuft. Neidelhart hofft, dass Theuerdank bereits beim ersten Angriff getötet wird. Falls er aber Reißaus nähme, wolle man das der Königin mitteilen, die ihn dann „für einen Zagen", für einen zaghaften oder mutlosen Mann hielte und dann sicherlich nicht heiraten werde. Neidelharts Plan scheint aufzugehen, denn Theuerdanks Boot gerät bald unter Beschuss und seine „Schiffleute" wollen umkehren. Der Held aber nötigt seine Schiffer weiterzufahren, springt mutig an Land und überrennt die Feinde.
CLAVIS: Pfinzing erklärt, dass dieses Beispiel für alle Gefahren mit Geschützen steht, die auf Theuerdank abgefeuert wurden, von denen ihn aber „nie keiner berührt hat".

Bild 77 von Leonhard Beck: Vor einer Burgenlandschaft wird Theuerdank (im goldenen Harnisch mit einem ebenfalls golden gewappneten Pferd) im Zweikampf im entscheidenden Moment gezeigt, als er seinem Gegner einen Stich in die Brust versetzt.
Im 77. Kapitel überredet Neidelhart Theuerdank zu einem Zweikampf mit einem bisher unbesiegten „Küriser" aus einem fernen Land. Diesen Helden zu besiegen, wäre sicherlich eine gute Empfehlung bei der Königin, die diese Tat „nicht unbelohnt lassen" werde. Theuerdank vergewissert sich noch einmal, ob die Turniereinladung auch gut gemeint ist und fragt Neidelhart: „Redst Du mir das aus rechter Treu ohn allen Haß?" Dies bestätigt Neidelhart und führt ihn in die ritterlichen Bräuche ein. Der ritualisierte Ablauf des Geschehens, mit Herolden, Trompetenschall, den einzelnen „Stechen" etc. wird genau beschrieben. Theuerdank wird sogar einmal getroffen und scheint eine Lähmung zu erleiden, doch hält ihn dies nicht auf und er kann dem Ritter einen Stich ins Herz versetzen. Allerdings zeigt er sich dann im Sieg mildtätig. Er lässt ihm das Leben und führt ihn gefangen zum Hof der Königin, damit sie von seinen Heldentaten erfährt.
CLAVIS: Dieses Kapitel soll ein Turnier am Rheinstrom beschreiben.

Bild 78 von Leonhard Beck: Eine Kanonenkugel wird auf Theuerdank abgefeuert, der sich jedoch duckt und ihr entgeht.
Das 78. Kapitel führt wieder mitten in ein Kriegsgeschehen, in dem Theuerdank mit einem Trupp ein Stadttor erobern soll. Mit einem Büchsenmacher hat Neidelhart vereinbart, dass er dieses Tor „mit List" öffnen werde. In Wahrheit hat Neidelhart aber mit diesem Büchsenmacher ausgemacht, dass er ihn erschießen soll. Als Theuerdank den Knall der Büchse hört, duckt er sich und nur „ein Spann über seinem Haupt" zischt das Geschoss vorbei. Von der Druckluft hat er 24 Stunden lang starke Kopfschmerzen und Nasenbluten. Der Büchsenmeister richtet daraufhin eine große Armbrust auf ihn, trifft aber „zum Glück" nicht Theuerdank, sondern einen seiner Gesellen. Dieser zweifache Angriff verwirrt Theuerdank jedoch und er wird argwöhnisch, ob dem Ganzen nicht eine „Büberei" von Neidelhart zugrunde liegt. Nur mit Gottes Hilfe kann er diese schwierigen Kampfszenen bewältigen.
CLAVIS: Dies ist im Stift Utrecht geschehen.

75

Bild 79 von einem unbekannten Künstler: Dieser in seiner reichen Personendarstellung und Dynamik außergewöhnliche Holzschnitt zeigt Theuerdank im **Geschützkampf vor den Stadtmauern.**

Auch im 79. Kapitel gerät Theuerdank in ein „Scharmützel" vor den Stadttoren. Neidelhart hat sogar mit dem Feind paktiert, um Theuerdank in einen Hinterhalt zu locken. Theuerdank kämpft zunächst mit Erfolg, „gar bald erschoss er manchen Mann", muss sich dann aber zurückziehen, als mit Geschützen auf ihn gezielt wird. Die Schüsse verfehlen ihn aber jeweils, wenn auch nur knapp, und er kommt unversehrt in das Lager zurück.

CLAVIS: Pfinzing erläutert, dass diese Episode für alle Scharmützel steht, in die Theuerdank mit „kleinem Geschütz" verwickelt wurde.

Bild 80 von Leonhard Beck: **Das Pferd von Maximilian wird von einer Kanonenkugel getroffen und stürzt.**

Im 80. Kapitel wird eine Kampfsituation ausgenutzt, um Theuerdank in Gefahr zu bringen. Neidelhart überträgt ihm ein Schloss, mit dessen Besatzung er vereinbart hat, dass sie den Helden bereits beim Einreiten erschießen sollten: „Er soll nit kommen herein, sondern zuvor erschossen sein". Mit einer „Schlangen-langen Büchse" wird auf ihn gezielt und sein Pferd wird am Hals getroffen, das tot zu Boden fällt. Ein Bote glaubt daher, dass Theuerdank selbst getroffen sei und überbringt Neidelhart die vermeintlich gute Botschaft. Theuerdank nimmt sich aber gleich unerschrocken ein neues Pferd und reitet zurück.

Bild 81 von Leonhard Beck: **Theuerdank sieht sich einer Übermacht von Kämpfenden gegenüber, die er aber mutig angeht.**

Im 81. Kapitel gelingt es Neidelhart, Theuerdank zu überreden, mit einem kleinen Aufklärungstrupp den Feinden entgegenzureiten, während er selbst mit der Haupttruppe nachreiten wolle. Theuerdank wirft sich mutig in die Auseinandersetzung mit den Feinden, bekommt aber erwartungsgemäß keine Hilfe durch nachrückende Truppen: „Neidelhart hatte etlich Knecht bestellt, die sollten erschlagen den Held, davor ihn aber Gott behüt". Theuerdank durchschaut nun den arrangierten Hinterhalt und stellt Neidelhart zur Rede. Dem gelingt es aber wieder sich herauszureden, dass er mit einer so großen Heeresmacht nicht habe schneller vorangehen können. Im Gegenteil wirft er Theuerdank vor, er sei eben ein „junger Mann", hitzig und stets in Eile: „Kriegshändel wollen haben ihr Weile".

CLAVIS: Pfinzing erläutert, dass dieses Kapitel für sehr viele siegreiche Schlachten von Maximilian steht, wie man dies ja auch im *Weißkunig* nachlesen kann.

Bild 82 von Leonhard Beck: **Theuerdank bringt einen geharnischten Gegner zu Fall und jagt ihn davon.**

Im 82. Kapitel wird Theuerdank erneut in einen Hinterhalt gelockt. Neidelhart flieht und will auch Theuerdank dazu überreden. Theuerdank aber stellt sich dem übermächtigen Feind und kann ihn sogar in die Flucht schlagen, was seinen allgemeinen Ruhm vermehrt und die Nachricht von dem siegreichen Helden weiter im Land verbreitet. In seinem Lager ist „groß Freud wegen seiner Heldentaten".

CLAVIS: Pfinzing verweist auch hier darauf, dass man ähnliche Taten im *Weißkunig* noch ausführlicher nachlesen kann.

Bild 83 von Leonhard Beck: Ein Zweikampf mit deutlich erkennbarem offenen Visier, wobei ein Schwert in unmittelbare Nähe von Theuerdanks Gesicht geführt wird, der sich mehreren Feinden gegenüber erwehren muss.

Da die kriegerischen Listen zu keinem Erfolg führten, versucht Neidelhart im 83. Kapitel wieder den anderen Weg und arrangiert erneut einen Zweikampf mit einem „Küriser" [schwerer Reiter]. Er rät dem Ritter, Theuerdank „in sein Gesicht zu rennen", und überredet den Helden, sein Visier offen zu behalten. Gutmütig folgt Theuerdank diesem Rat, er kann aber mit seinem Degen dem feindlichen Ritter einen Streich versetzen, so dass er tot vom Pferd fällt. Neidelhart hetzt noch weitere Küriser auf den Helden, die aber ebenfalls zurückgeschlagen werden.

CLAVIS: Pfinzing verweist erneut auf den *Weißkunig*.

Bild 84 von Leonhard Beck: Mit geschlossenem Visier und im Harnisch reitet Theuerdank auf eine Stadt zu, wo er von Geschützfeuer erwartet wird.

Abermals muss im 84. Kapitel Theuerdank auf eine befestigte Stadt zureiten, um sie den Feinden zu entreißen. Von dort wird aber aus vollen Rohren auf ihn geschossen, so dass es kaum ein Entrinnen gibt: „Ging ab alle Geschütze groß und klein, auf den Helden und seine Gesellen allein". Ein Schuss streift sogar sein Pferd an der Stirn, aber „Gott wollt, dass ihm nichts geschah".

CLAVIS: Diese Episode soll in Geldern geschehen sein.

Bild 85 von Leonhard Beck: In einer Turnierszene versetzt Theuerdank dem gegnerischen geharnischten Ritter gerade den Todesstoß.

Im 85. Kapitel wird Theuerdank von Neidelhart zu einem Zweikampf zwischen den beiden Heereslagern überredet, wobei es ihm gelingt, dem Gegner beim Anrennen „unter den Kürriß Tartschen", unter dem Harnisch, zu treffen und ihm damit den Todesstoß zu versetzen.

CLAVIS: Pfinzing erläutert, dass dieses Ereignis im *Weißkunig* ausführlicher dargestellt ist.

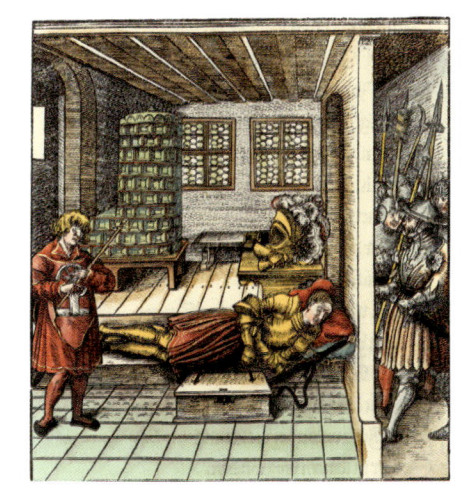

Bild 86 von Leonhard Beck: Während Theuerdank in seiner Kammer schläft (geharnischt, nur ohne Helm), versammeln sich feindliche Truppen vor seiner Tür.

Im 86. Kapitel schreckt Neidelhart nicht einmal davor zurück, einen Mörder „mit barem Geld" zu beauftragen, den Helden in der Nacht zu ermorden. Da Theuerdank aber „nach seiner Gewohnheit" die Tür versperrt und verriegelt, hört er den Mörder an der Tür, springt behände aus dem Bett und rennt mit gezücktem Schwert „ganz unerschrocken vor die Tür", worauf die Mörder fliehen. Zur Rede gestellt vermutet Neidelhart, dass es sich wohl um Diebe gehandelt haben müsse oder um anderes „seltsames Volk", das sich hier herumtreiben soll.

CLAVIS: Pfinzing meint, diese Gefahr hat in Flandern stattgefunden.

Bild 87 von Hans Schäufelein, von Leonhard Beck geändert: **Theuerdank kontrolliert vier Wachen, die allerdings ihre Waffen auf ihn richten.**

Wiederum im Feld bittet Neidelhart im 87. Kapitel Theuerdank, die Wache für das Heerlager zu übernehmen. Er hat zuvor einige Diener gedungen, ihn bei der Gelegenheit zu töten. Als Theuerdank die lärmenden Wachen inspiziert, glaubt er zunächst, dass sie betrunken sind. Dann sieht er aber, dass sie ihn mit gespannten Armbrüsten bedrohen. Flink kann er ihre Waffen unterlaufen und sich in Sicherheit bringen. Am nächsten Morgen wundert sich der „untreue Neidelhart", dass Theuerdank „frisch und ganz gesund vor ihm saß". Der Held ist sich sicher, dass ihn Gott behütet.
CLAVIS: Pfinzing berichtet, dass Maximilian in einer ähnlichen Situation bei Utrecht von „Gott und seiner Geschicklichkeit" gerettet wurde.

Bild 88 von Leonhard Beck: **Theuerdank (perspektivisch übergroß auf den Zinnen einer belagerten Burg) stellt sich einer starken gegnerischen Truppe, die aber reihenweise zu Fall gebracht wird.**

Im 88. Kapitel hat sich Theuerdank auf ein Schloss zurückgezogen, das dann aber durch die Anstachelungen von Neidelhart von einem Feind erstürmt wird. Theuerdank geht selbst auf die Zinnen des Schlosses, von wo er „gar manchen Mann" zu Tode schießt, worauf der feindliche Hauptmann und seine Truppen ihr Heil in der Flucht suchen. Neidelhart, „der untreue Wicht", sinnt nach weiteren Attentaten gemäß dem Sprichwort: „Der Krug solang zu Wasser geht, bis er einmal zerbrochen steht".
CLAVIS: Pfinzing verweist erneut auf Ereignisse im *Weißkunig*.

Bild 89 von Leonhard Beck: **Der geharnischte Theuerdank tötet im Zweikampf einen Ritter, der bereits einen Pfeil in der Stirn trägt (anders als in der Episode, in der Theuerdank ein Pfeil an seinen Helm geschossen wurde).**

Im 89. Kapitel besticht Neidelhart wiederum einen Ritter, Theuerdank in eine schwierige Kampfsituation zu locken und umzubringen. Dem feindlichen Hauptmann gelingt es sogar, ihm mit der Armbrust einen Pfeil auf seinen Kopf zu schießen, der allerdings im Helm stecken blieb. Theuerdank kann ihn aber mit seinem Spieß niederreiten.
CLAVIS: Erneuter Verweis auf den *Weißkunig*.

Bild 90 von Leonhard Beck: **Vor Theuerdank in Kampfespose knien zehn Gegner, die sich ergeben haben.**

Im 90. Kapitel wendet Neidelhart eine neue List an, indem er Theuerdank mit nur 13 Gefährten auffordert, gegen eine kleine Schar von Feinden vorzugehen. Hierbei handelt es sich aber nicht um zehn Gegner, wie Neidelhart gesagt hat, sondern um mehr als 100. Mit einer Kampfeslist gelingt es Theuerdank, den Feind selbst über die Zahl seiner Gefährten zu täuschen, indem er ihnen mutig entgegentritt und sie zur Aufgabe auffordert: Er lässt von seinem Herold, dem Ehrenhold, die Botschaft überbringen, dass sie nur durch eine Aufgabe ihr Leben retten können. Diese List gelingt tatsächlich, die gegnerische Truppe ergibt sich und wird von Theuerdank gefangen genommen und als Siegestrophäe zur Königin geschickt.
CLAVIS: Verweis auf Heldentaten im *Weißkunig*.

Bild 91 von Leonhard Beck: **Theuerdank reitet mit seinen Truppen auf eine Stadt zu, in der er mit Geschützdonner „aus allen Rohren" und mit Pechfässern „begrüßt" wird.**
Im 91. Kapitel hat Neidelhart Theuerdank noch einmal den falschen Rat gegeben, auf ein bestimmtes Stadttor zuzurennen, das dann durch eine List geöffnet werde. In Wahrheit hat er dieses Tor besonders sichern lassen und die Feinde stehen bereit, Theuerdank und seine Mannen mit Kugeln und brennendem Pech zu vernichten. Theuerdank zieht sich aber zurück und gewinnt die Stadt „in ein ander Weis" und rächt sich bitter, indem er drinnen „alles töten ließ, was drin war". Er richtet zurückgekommen seinen Zorn auch gegen Neidelhart, der ihn aber erneut beschwichtigen kann.
CLAVIS: Pfinzing weiß, dass dies Maximilian in Ungarn geschehen ist.

Bild 92 von Leonhard Beck: **Theuerdank stößt im Zweikampf den feindlichen Ritter mit einem Lanzenstich vom Pferd.**
Im 92. Kapitel versucht Neidelhart erneut, Theuerdank durch einen fremden Ritter töten zu lassen, der ihn vor der Stadt abfängt. Theuerdank kann diesen aber ganz souverän besiegen, er „rennt dem Kürriser seinen Spieß mitten durch den Hals, dass er blieb tot des selben Mals".
CLAVIS: Dies ist im *Weißkunig* weiter ausgeführt worden.

Bild 93 von Leonhard Beck: **Theuerdank kämpft alleine gegen eine Gruppe von Feinden, die allerdings vor ihm in den Staub danieder sinkt.**
Im 93. Kapitel wird Theuerdank wiederum als Vorhut gegen den Feind geschickt. Neidelhart legt sich mit seinen Truppen in einen Hinterhalt und greift auch nicht ein, als Theuerdank auf sich allein gestellt in Kämpfe verwickelt wird. Dem Helden gelingt es aber, die Feinde schwer zu schädigen, „manchen zu erstechen und so viele zu töten, dass sie mit einem Wagen nicht wegtransportiert werden konnten".
CLAVIS: Pfinzing erläutert, dass diese Episode als ein Beispiel für viele kleine Schlachten in verschiedenen Ländern zu verstehen ist.

Bild 94 von Leonhard Beck: **Bei der Belagerung einer Stadt werden Steine herabgeworfen, die einen Begleiter Theuerdanks treffen, der ihn im Sturz mit zu Boden reißt.**
Im 94. Kapitel gerät Theuerdank bei der Belagerung einer Stadt in Bedrängnis, da Neidelhart einige Bürger dazu gewonnen hat, ihn mit einem großen Stein zu erschlagen. Tatsächlich werfen sie mit großen und schweren Steinen auf ihn, die aber den Bauern, der direkt neben dem Helden steht, am Kopf trifft, so dass er zu Boden geht.
CLAVIS: Pfinzing weiß, dass Ähnliches in Utrecht geschah.

Bild 95 von Leonhard Beck: **Dieser Holzschnitt zeigt den perspektivisch übergroßen Theuerdank im Fenster eines Stadttores der befestigten Stadt, in die ihn Neidelhart hineingelockt hat. Die Stadt ist mit einem Wassergraben wohl bewehrt.**

Im sehr umfangreichen 95. Kapitel versucht Neidelhart mit viel List und Tücke, Theuerdank gefangen zu nehmen oder zu töten. Zunächst versucht er, ihn mit List in eine sehr zerstrittene Stadt zu locken und dort die Bevölkerung gegen ihn aufzuhetzen. Er schmiert Theuerdank Honig ums Maul, indem er ihn wegen seiner bisherigen ritterlichen Taten lobt und ihm zu verstehen gibt, dass sich sein Ruhm schon im ganzen Land verbreitet habe. Nur in dieser „gar mächtigen Stadt" hätte man noch „kein Kundschaft" von ihm. Auch sei er geradezu prädestiniert, die Zwietracht in dieser Stadt zu schlichten. Theuerdank geht auf diesen Vorschlag ein und zieht zu der Stadt, in der Neidelhart inzwischen aber der Bevölkerung erklärt hat, dass Theuerdank selbst an ihren Zerwürfnissen Schuld sei. Er sei derjenige, der ihr „Ungemach allein zugefügt hat alle Tag". Er sei im Grunde seines Herzens ein sehr kriegerischer Mensch: „Sinn, Gedank und Mut – stehen nach Krieg, Zwietracht, Geld und Gut." Wenn die Stadtbevölkerung es zuließe, dass er die Königin heirate, dann würde er künftig nur noch Krieg führen, und das schließlich sei auch „der Stadt nit wohl". So aufgehetzt wenden sich die Bürger gegen Theuerdank und fordern dessen Auslieferung. Der Held durchschaut die Situation nicht und versucht tatsächlich, ihnen entgegenzutreten und ihre Streitereien zu schlichten. Als er die Schwierigkeiten erkennt, zieht er sich aber wieder in ein sicheres Schloss zurück: „Wahrlich, der Auflauf dünkt mich nicht gut!" Theuerdank kommt zu dem Schluss, dass ihn offensichtlich Neidelhart bewusst in diese schwierige Situation gebracht hat: „Durch deine gewohnte Falschheit, hast du mir solche Sach zubereit." Auf die erneuten Versuche Neidelharts ihn umzustimmen, geht er diesmal nicht ein und äußert, dass er sich von ihm nie wieder betören lassen wolle. Neidelhart muss noch zu härteren Maßnahmen greifen und legt Selbstschussanlagen rings um das Haus, in dem sich Theuerdank aufhält. Theuerdank aber erfährt von dieser Hinterlist und zieht sich ruhig zurück.
CLAVIS: Pfinzing weist darauf hin, dass man in Flandern Maximilian dreimal hatte erschießen wollen.

Bild 96 von Leonhard Beck: **Theuerdank sitzt auf einer Art Thron zu Tisch und ihm werden Speisen gereicht.**

Im 96. Kapitel erhält der Hauptmann Neidelhart von seiner Königin einen Brief, in dem Ehrenreich ihre Hauptleute auffordert, mit dem kühnen Helden, von dem sie in „Jahresfrist" schon so viel gehört hat, an ihren Hof zu kommen. Unfalo, Fürwittig und Neidelhart beraten sich und planen ein letztes Attentat: Sie wollen Theuerdank mit Gift töten: „Das Gift will ich bereiten fein, dem Helden morgen in das Essen sein." Ein „Türknecht" hört aber von diesem Plan und wendet sich vertrauensvoll an Ehrenhold und erzählt ihm von diesem „bösen verräterischen Mord". Als Ehrenhold in die Stube läuft, findet er seinen Herrn bereits am Tische sitzen vor und kann ihn gerade noch davor bewahren, das vergiftete Essen zu sich zu nehmen. Als ihn Neidelhart auffordert, doch zu frühstücken, fährt Theuerdank ihn an: „Schweig, du böser Wicht! Was du redest, das ist alles erdicht! Du hast mir viel Kummer und Leid, durch deine List bisher zubereit." Als er weiter widerspricht, zieht Theuerdank sein Schwert und schlägt damit nach Neidelhart, der sich aber ducken und fliehen kann.
CLAVIS: Der Vergiftungsversuch soll in Flandern geschehen sein.

Bild 97 von Leonhart Beck: **Theuerdank zieht sein Schwert und vertreibt Neidelhart.**
Das kurze 97. Kapitel schildert, wie Neidelhart auf seiner Flucht mit seinen beiden Kumpanen zusammentrifft, die beraten, wie sie weiter vorgehen wollen.
CLAVIS: Pfinzing interpretiert, dass Maximilian/Theuerdank damit Bosheit und Neid absagt.

Kapitel 98–112:
Theuerdank bei der Königin Ehrenreich

Bild 98 von Leonhard Beck: Königin Ehrenreich mit ihren Hofdamen empfängt Theuerdank.
Im 98. Kapitel gelangt Theuerdank endlich an den Hof der Königin, von dem ihn die drei Hauptleute durch ihre gestellten Abenteuer so lange abgehalten haben. Ehrenreich empfängt ihn „aufs freundlichst" und lädt den Helden zum Abendessen ein mit „viel gutem Fisch, Wildbret und anderen Speisen, rheinischen Wein und Mavalser". Theuerdank erzählt ihr bis tief in die Nacht von seinen Abenteuern, „zu Wasser, zu Land, mit ungeheuren Tieren", aber auch mit vielen Feinden. Die Königin versichert ihm, dass er nach all diesen Gefährlichkeiten eine würdige Belohnung verdient habe. Tief in der Nacht „nimmt der Held Urlaub" und erzählt ihr am nächsten Morgen nach dem heiligen Amt ausführlich weiter. Derweil beraten sich die drei Hauptleute und überlegen, wie sie Theuerdank jetzt noch schaden können.
CLAVIS: Pfinzing erklärt, dass es so jedem „teurem Helden" geht, der seine abenteuerlichen Sachen vollbracht hat.

Bild 99 von Leonhard Beck: Die drei bösen Hauptleute reden im Vorhof des Palastes auf einige Ritter ein.
In den nachfolgenden neun Kapiteln versuchen die drei Hauptleute ein letztes Mal, Theuerdank in einem Turnier zu besiegen. Im 99. Kapitel kommt Unfalo auf die Idee, sechs Ritter gegen den Helden Theuerdank antreten zu lassen. Es handelt sich um Verwandte und Freunde von Neidelhart, die auf dessen Befragung hin gerne bereit sind, gegen Theuerdank zu kämpfen, und die die Königin mit schmeichelnden Worten bitten, doch solch ein „Ritterspiel", mit Turnieren, Stechen und Rennen zu gestatten.
CLAVIS: Pfinzing erläutert zu Kapitel 99 bis 106, dass diese Kämpfe für alle Turniere stehen, die Maximilian in Österreich, Brabant und Tirol absolvieren musste.

Bild 100 von Leonhard Beck: Eine Gruppe von Rittern trägt Theuerdank die Turniere an, die neben ihm stehende Königin Ehrenreich bewilligt sie.
Im 100. Kapitel geht Theuerdank auf die Aufforderung zum Turnier gerne ein, zumal es dabei in guter Freundschaft zugehen soll und erbittet von der Königin die notwendige Ausrüstung für das Turnier. Obwohl die Königin doch beunruhigt ist, gewährt sie dem Helden alle seine Bitten. Theuerdank trifft zusammen mit seinem „Harnischmeister" die notwendigen Vorbereitungen.

Bild 101 von Leonhard Beck: In diesem Rennen stürzen sowohl Theuerdank als auch sein Gegner vom Pferd.
Im 101. Kapitel tritt der erste der sechs Ritter gegen Theuerdank an, und zwar in einem sehr stürmischen „Rennen", bei dem beide gefährlich aufeinanderprallen, aber wunderbarerweise nicht ernstlich verletzt werden.

Bild 102 von Hans Burgkmair, von Leonhard Beck geändert: Theuerdank besiegt im Schwertkampf seinen Gegner.

Der zweite Ritter stellt Theuerdank im 102. Kapitel mit einem Schwertkampf, bei dem der Held seine Kraft beweist, indem er den Gegner mit einem beidhändig geführten Schwert zu Boden streckt. Nach ritterlicher Art wird am Abend gefeiert und getanzt, und Theuerdank kann die Königin im Tanz ausführen.

Bild 103 von Leonhard Beck: Die beiden Turnierkämpfer zu Pferd sind durch eine Holzwand getrennt und versuchen aufeinander einzustechen.

Das 103. Kapitel schildert die Auseinandersetzung mit dem dritten Ritter. Bei diesem „welschen Turnier", also in der Tradition der südlichen Länder, kommt es darauf an, auf dem Schild des Gegners viele Speere zu zerbrechen. Theuerdank scheint zu gewinnen, als der dritte, böse Ritter sich von seinem Gesellen eine große und dicke Stange bringen lässt, um Theuerdank damit zu verwunden. Aber auch Theuerdanks Gehilfe reicht ihm eine große Stange, mit der der Held seinen Gegner vom Pferd stoßen kann. So verlässt Theuerdank auch diesen Kampf als Sieger.

Bild 104 von Leonhard Beck: Theuerdank sticht seinem Gegner mit dem Schwert ins Visier.

Im 104. Kapitel nimmt Theuerdank es mit dem vierten bösen Ritter auf, dem er mit einem Stoß durch das Visier großen Schaden zufügt und selbst seiner Gegenwehr ausweichen kann. Theuerdank nimmt auch diesen Ritter gefangen und widmet sich am Abend Tanz und Unterhaltung.

Bild 105 von Hans Schäufelein: Die Szene zeigt den Sturz von Theuerdank und seinem Gegner, die wie ohnmächtig am Boden liegen.

Im 105. Kapitel trifft Theuerdank auf den vorletzten Gegner bei einem „deutschen Stechen", bei dem die Lanzen mit einem dreizackigen Krönlein versehen sind. Beim ersten Treffen fallen beide Ritter vom Pferd, beim zweiten stößt Theuerdank dem bösen Ritter das Krönlein ins Gesicht, so dass er vom Pferd stürzt und zu einem dritten Stechen nicht mehr antritt. Die Königin lädt Theuerdank zu einem festlichen Essen ein und bittet ihn, nicht mehr weiterzukämpfen. Um aber nicht beim letzten Ritter als feige zu erscheinen, verweigert er sich dem noch ausstehenden Zweikampf nicht.

Bild 106 von Leonhard Beck: Theuerdank kämpft mit offenem Visier und verwundet seinen Gegner am Kopf.

Der letzte Ritter wird zu einer besonders großen Machtprobe, da es sich um einen „alten Ritter", den Vater eines bereits besiegten Kämpfers handelt, der aus diesem Grund voll Hass gegen ihn agiert. Theuerdank kann ihm aber sein Schwert durch den Helm stoßen, so dass er blutig auf die Knie fällt und sich „in Verlust gab". Theuerdank hat somit alle sechs Gegner eindeutig besiegen können. Wie an den Abenden zuvor widmet er sich mit der Königin Tanz und Speisen.

Bild 107 von Leonhard Beck: Theuerdank erhält von Königin Ehrenreich, unterstützt vom Ehrenhold, den Lorbeerkranz des Siegers vor den Stadtmauern, umgeben vom Hofstaat.

Im 107. Kapitel empfängt Theuerdank den Lohn für sein Turnier: Von Ehrenreich selbst wird er mit dem Lorbeerkranz gekrönt, den sie als wertvoller als Silber und Gold bezeichnet. Die Macht der drei bösen Hauptleute Fürwittig, Unfalo und Neidelhart ist damit endgültig gebrochen.

CLAVIS: Pfinzing erläutert die Bedeutung des Lorbeerkranzes „in Gewohnheit der alten Römer".

Bild 108 von Leonhard Beck: Ehrenhold kniet auf einer Treppe vor Königin Ehrenreich und berichtet ihr.

Im 108. Kapitel zeigt sich Ehrenhold als objektiver Chronist aller Taten, der alles in einem Buch aufgezeichnet hat. Er verklagt damit die drei Hauptleute vor der Königin, und Ehrenreich beraumt einen „Rechttag" ein, zu dem die Hauptleute erscheinen müssen.

CLAVIS: Pfinzing erklärt dies als ein deutliches Zeichen dafür, dass keine böse Tat, auch wenn sie noch so heimlich angezettelt wurde, auf Dauer verschwiegen werden kann.

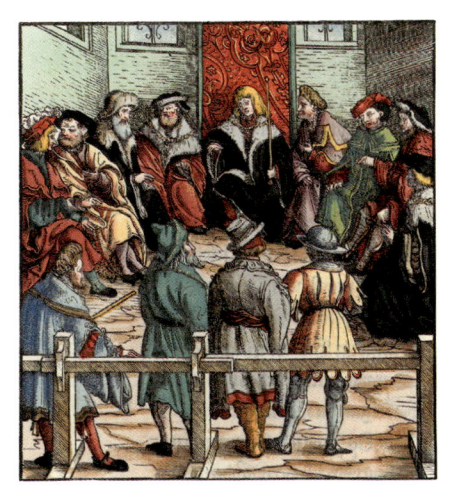

Bild 109 von Hans Burgkmair: Ein Gericht tagt über die drei bösen Hauptleute.

Im 109. Kapitel erhebt Ehrenhold vor Gericht noch einmal förmliche Anklage. Die drei Hauptleute versuchen sich zu rechtfertigen, werden aber schließlich schuldig gesprochen und verurteilt. Fürwittig soll durch das Schwert, Unfalo durch einen Strick und Neidelhart durch einen Sturz von einem hohen Turm hingerichtet werden.

CLAVIS: Pfinzing erläutert für die Kapitel 109–112, dass alle Personen, die gegen die Ehre handeln, verschmäht, verurteilt und „abgesündert" werden.

Bild 110 von Leonhard Beck: Der erste Hauptmann, Fürwittig, wird vor den Stadtmauern in Anbetracht einer großen Menge Volkes durch das Schwert hingerichtet.

Im 110. Kapitel wird Fürwittig durch das Schwert hingerichtet, der noch zuletzt seine Taten bereut und bekennt, dass ihn seine „fürwitzige Jugend" zu diesen Untaten getrieben habe.

Bild 111 von Leonhard Beck: Vor einer ähnlichen Szenerie wird Unfalo gehängt.

Im 111. Kapitel wird das Urteil an Unfalo vollstreckt, der auch seine Schuld bekennt. Er behauptet, die Folgen seiner Attentate nicht vollends übersehen zu haben.

Bild 112 von Leonhard Beck: Neidelhart wird von einer Brüstung in einen Fluss gestürzt.

Im 112. Kapitel schließlich wird Neidelhart vom Turm gestürzt; er bekennt, der Kopf dieser Bande gewesen zu sein, und erklärt dieses mit seinem neidigen Charakter, der ihn zu diesen Untaten geführt habe.

Kapitel 113–118:
Beschluss der Historie

Bild 113 von Hans Burgkmair (Monogramm über der Seitentür): Die Königin Ehrenreich, auf einem Throne sitzend, verkündet ihren Räten ihre Botschaft, die von Ehrenhold überbracht werden soll. Neben Ehrenhold ein Engel als Bote.

Im 113. Kapitel ruft die Königin Ehrenreich einen Rat zusammen, zu dem sie auch Ehrenhold einlädt. Sie teilt den Anwesenden mit, dass Theuerdank von den drei Hauptleuten viel Unrecht zugefügt worden sei, und er sich eigentlich von diesen Strapazen ausruhen könnte. Allerdings seien die bisherigen Taten wegen der „Weltenehre" allein geschehen. Zu einem Ritter gehöre aber viel mehr, er müsse den christlichen Glauben beschützen und zur Abwehr der „ungläubigen Feinde Jesu Christ", die sich sehr weit „in unser Land eingenist" hätten, wisse sie niemand anderen, der Theuerdank an „Zucht, Tugend und Mannheit" gleichkäme und einen solchen Heereszug gegen die Ungläubigen zu führen in der Lage sei. Theuerdank solle sich an die Spitze eines großen Heeres stellen „und

damit beschirmen die göttliche Ehre". Ihre Räte schließen sich diesem von Königin Ehrenreich „mit großer Weisheit" geschlossenen Plan an und unterstützen diesen Beschluss, der durch göttliche Gnade bewirkt worden sei. Der Erzähler weiß zu ergänzen, dass ein Engel „darbei stund". Die Königin sendet Ehrenhold nun zu Theuerdank, damit er ihn diesen Auftrag verkünden sollte, zu „Sankt Georgs Rays" aufzubrechen, das heißt den Kreuzzug gegen die Ungläubigen zu führen.
CLAVIS: Pfinzing führt aus, dass dies „Poeterei" sei; da die bishrigen Taten „weltlich" gewesen seien, fordert Ehrenreich ihn nun auf, „Göttlich ehrlich Taten" zu vollbringen.

Bild 114 von Hans Burgkmair: Ehrenhold überbringt dem gerüsteten Helden Theuerdank die Botschaft der Königin.
Im kurzen 114. Kapitel überbringt Ehrenhold Theuerdank die Botschaft der Königin. Theuerdank erbittet sich eine Nacht Bedenkzeit und will seine Entscheidung am nächsten Morgen mitteilen.

Bild 115 von Hans Burgkmair: Der Engel des Herrn spricht zu Theuerdank.
Im 115. Kapitel nun erscheint dem Helden Theuerdank während seiner Abendandacht ein Engel, der ihm (entsprechend den drei Lehren des Teufels im 10. Kapitel) drei positive Lehren überbringt. Die erste ist, Gott allein zu lieben und zu achten und seine Gebote zu halten. Die zweite Lehre ist der Rat, die Hoffärtigkeit zu meiden, die einst Luzifer und seinen Gesellen die höllische Pein einbrachte, und der dritte Rat ist, sich jederzeit als treu und verlässlich zu erweisen. Schließlich berichtet der Engel auch von der Entscheidung der Königin, die er bei dem versammelten Rat vernommen habe und den er vollends unterstützt: „Denn Ihr tut damit auch Gott einen Gefallen". Theuerdank dankt dem „guten Geist" und sagt zu, den Willen Gottes zu tun und die Reise auf sich zu nehmen. Er bittet den Botschafter Gottes, sich für ihn bei Gott einzusetzen, der ihm alle seine Sünden vergeben möge und nach dem Leben „die ewige Freude wolle geben". Ein Bote der Königin bittet ihn schließlich, zu ihr zu kommen und seine Entscheidung mitzuteilen.
CLAVIS: Dies ist „Poeterei"; der Engel symbolisiert das christliche gute Gewissen des Helden Theuerdank. Seine christliche Einstellung führt nämlich dazu, auch noch die göttliche Ehre anzustreben.

Bild 116 von Leonhard Beck: Theuerdank reicht Ehrenreich die Hand dar, die von Ehrenreich hier noch nicht angenommen wird, da die Ehe erst vollzogen wird, wenn Theuerdank vom Kreuzzug zurückgekehrt ist.
Im 116. Kapitel wird Theuerdank sehr freundlich von der Königin empfangen. Bevor er aber auf ihre Aufforderung zum Kreuzzug eingeht, gibt er noch einen kleinen Rückblick auf ihr Werbungsschreiben und seine lange Brautfahrt, die von den drei „bösen Männern" sehr verzögert worden war, an deren guten Ende er jetzt aber zunächst „die allerschönste Maid" um ihre Hand anhalten möchte. Die Königin antwortet voller Zutrauen, dass Theuerdank „vor allen anderen weise und klug sei", der auch ihr Land und ihre Leute beschirmen wolle und sie ihn daher auserwählt habe. Sie verbindet damit aber gleich wieder die Bitte, dass er gegen die Feinde der Christenheit vorgehen müsse, die ihre Erblande mit „Raub, Mord und Brand" überziehen würden. Ohne Zögern wolle sie ihm aber, wenn er diesen Kreuzzug gegen die Ungläubigen aufnehmen wolle, „die Ehe geloben an Eure Hand" und ihn dazu auch reich ausstatten. Allerdings solle der „Beischlaf noch unterlassen werden, bis Euch der ewig Gott wieder heimhilft aus dieser Not". Theuerdank antwortet, dass er aus Liebe zu ihr diese Reise gerne auf sich nehmen werde, da er sich auch des Beistandes Gottes sicher sei. Die Königin küsst ihn daraufhin, ein Priester kommt hinzu und gibt sie „ehelich zusammen".
CLAVIS: Kapitel 116–118 zeigen, dass der Held die Verpflichtung zur Erreichung von göttlicher Ehre angenommen hat.

Bild 117 von Leonhard Beck: Theuerdank als Kreuzritter mit Fahne reitet vor einem Trupp in das Heilige Land.
Das 117. Kapitel bleibt leer. Sowohl in der Erstausgabe von 1517 als auch in der zweiten von 1519 sind drei Seiten frei geblieben. Dieses sonst ausgesprochen unübliche Verfahren hat Maximilian konsequent auch in seinem weiteren Ruhmeswerk eingehalten, so bleibt auch der entsprechende Holzschnitt mit dem Kreuzzug in der Ehrenpforte leer (vgl. Abb. S. 19, rechts unten). Das im hier reproduzierten Exemplar der Bayerischen Staatsbibliothek in München eingefügte handschriftliche Kapitel versucht diese Lücke zu füllen (s. Ausführungen S. 38) und die gute Absicht Theuerdanks unter Beweis zu stellen, die allerdings an der mangelnden Unterstützung von Rom scheiterte. Da er aber seinen guten Willen unter Beweis stellte, wurde quasi die Auflage erfüllt.

Bild 118 von Hans Burgkmair: Theuerdank steht auf 14 Schwertern, die zu einem Rad zusammengetragen sind, als Bezwinger des Glücksrads der Fortuna.
Das 118. Kapitel enthält „den Beschluss" der Historie, der noch einmal hervorhebt, wie der mit Vernunft und sinnlichem Verstand begabte Mensch alle Gefahren, in die er im Laufe seines Lebens hineingerät, bezwingen kann. Mit einem Blick auf das Leben des Helden Theuerdank und seine vielfachen gefährlichen Anfechtungen kann erschlossen werden, dass er von Anfang an unter dem Schutz Gottes gestanden hat. Dieser Schutz sei ihm gewiss gewesen, da Gott gewusst habe, dass er durch diesen kühnen Held noch viel in der Christenheit bewirken könne. Der Erzähler wünscht zum Schluss, dass Gott „den Herren mein" auch weiterhin behüten und ihm noch eine lange Zeit „hie auf der Erd" schenken möge. Und der Erzähler wendet sich abschließend an den Leser, denn zu dessen „Nutz und Lehr" sei das Ganze geschrieben: „Der daraus noch viel lernen kann".

Mit einem allgemeinen Segensspruch schließt dieser Ritterroman:

„Gott verleih uns in dieser Welt
Gesundheit, Fried und Einigkeit,
Darnach die ewig Seligkeit!"

Das Buch endet mit dem Kolophon:
„Gedruckt in der Kaiserlichen Stadt Nürnberg durch den älteren Hansen Schönsperger, Bürger zu Augsburg."
Dabei wird es sich eher um ein Versehen handeln, da Schönsperger der Ältere ausschließlich in Augsburg druckte und ein Lohndruck in Nürnberg für dieses Prachtwerk des Kaisers undenkbar gewesen ist, schließlich hatte Schönsperger mit seinem Schriftschneider de Negker in Augsburg unter größter Geheimhaltung die Theuerdanktype entwickelt und ihren speziellen Druck erprobt. Möglicherweise hatte sich durch die Übertragung der handschriftlichen Vorlage von Melchior Pfinzing, der Probst in Nürnberg war, dieser Fehler eingeschlichen.
Schon in der zweiten Auflage wurde diese Angabe korrigiert (vgl. Abb. S. 53): „Gedruckt in der Kayserlichen Stat Augspurg durch den Eltern Hansen Schönsperger im Jar Tausent fünffhundert vnd im Neuntzehenden."

Bibliographie

Die Erforschung der Ära Maximilians hat in den zurückliegenden Jahrzehnten erhebliche Fortschritte gebracht: Aus der Sicht der Historiker ist vor allem auf die fünfbändige Monographie von Hermann Wiesflecker (1971–1986) zu verweisen, der eine große Zahl an Doktorarbeiten vorangegangen ist, die in der Regel maschinenschriftlich in Graz und Wien erhalten sind. Die literaturwissenschaftliche Erforschung des „Ruhmeswerkes" Kaiser Maximilians verdankt der Habilitationsschrift von Jan Dirk Müller *Gedechtnus* (1982) belebende Impulse, die neu-lateinische Literatur wurde u. a. von Stephan Füssels Dissertation *Humanistische Panegyrik am Hofe Kaiser Maximilians I.* (1985) erforscht, die kunsthistorische Erschließung u. a. durch die jüngste Dissertation von Thomas Ulrich Schauerte, *Ehrenpforte* (2001) angeregt.

Quellen:

Die Ehrenpforte des Kaisers Maximilian I. Hrsg. v. Eduard Chmelarz. In: Jahrbuch der Kunsthistorischen Sammlungen des Allerhöchsten Kaiserhauses IV. Wien 1886, S. 289–319

Das Gebetbuch Kaiser Maximilians. Der Münchner Teil mit den Randzeichnungen von Albrecht Dürer und Lucas Cranach d. Ä. Rekonstruierte Wiedergabe. Einführung von Hinrich Sieveking. München 1987

Das Berliner Stundenbuch der Maria von Burgund und des Kaisers Maximilians I. Hrsg. v. Eberhard König. Lachen 1998

Theuerdank. Hrsg. u. eingel. v. Carl Haltaus. Quedlinburg/Leipzig 1836 (=Bibliothek der gesamten deutschen Nationalliteratur II. Band).

Der Theuerdank. Facsimile-Reproduktion nach der ersten Auflage vom Jahr 1517. Hrsg. v. Simon Laschitzer. In: Jahrbuch der Kunsthistorischen Sammlungen des Allerhöchsten Kaiserhauses VIII. Wien 1888. Nachdruck Graz 1966. [verkleinerte Wiedergabe dieser Edition mit einem Nachwort von Horst Appuhn. Dortmund 1979 in der Reihe „Bibliophile Taschenbücher" Nr. 121]

Kaiser Maximilian I.: Theuerdank. Faksimile mit Kommentarband. Plochingen/Stuttgart 1968 [darin: Heinz Engels: „Der Theuerdank als autobiographische Dichtung", S. 5–12; H. Th. Musper: „Die Holzschnitte des Theuerdank", S. 13–21; Elisabeth Geck: „Der Theuerdank als typographisches Kunstwerk", S. 23–27; Heinz Engels: Inhaltsübersicht S. 29–40]

Theuerdank. Neubearbeitung von Matthäus Schultes. Ulm 1679

Kaiser Maximilian I.: Theuerdank. Hrsg v. Helga Unger. München 1968 (= Winkler-Fundgrube, Bd. 40)

Kaiser Maximilian I.: Triumph. Hrsg. v. Franz Schestag. In: Jahrbuch der Kunsthistorischen Sammlungen des Allerhöchsten Kaiserhauses Bd. I. Wien 1883. Nachdruck Graz 1995 [deutlich verkleinerte Reproduktion der 147 Holzschnitte „Der Triumphzug Kaiser Maximilians I." 1516–1518. Mit einem Nachwort von Horst Appuhn. Dortmund 1979 („Bibliophilen Taschenbüchern" Nr. 100)]

Winzinger, Franz: *Die Miniaturen zum Triumphzug Kaiser Maximilians I.* 2 Bde. Graz 1972/73

Das Tiroler Fischereibuch Maximilians I. Codex Vindobonensis 7962. Faksimile u. Textband. Hrsg. v. Franz Unterkircher. Graz/Wien/Köln 1967

Buchner, Rudolf: „Letzte Textfassung Maximilians für den dritten Teil des *Weisskunig* (Handschrift E)". In: Musper, Heinrich Theodor (Hrsg.): *Kaiser Maximilians I. „Weisskunig"*, 1, Stuttgart 1956, S. 383–392

Maximilian I.: Der weiss Kunig. Eine Erzelung von den Thaten Kaiser Maximilian des Ersten. Von Marx Treitzsaurwein auf dessen Angeben zusammengetragen, nebst den von Hannsen Burgmair dazu verfertigten Holzschnitten. Hrsg. aus dem Ms. der Kaiserlich-Königlichen Hofbibliothek. Neudruck der Ausgabe Wien. 1775 mit Kommentar und Bildkatalog von Christa-Maria Dreissiger, Weinheim 1985

Kaiser Maximilians I. „Weisskunig", 2 Bde. (Tafel/Text). In: Lichtdruckfaksimiles nach Frühdrucken. Hrsg v. Heinrich Theodor Musper i. V. m. R. Buchner, H.O. Burger und E. Petermann, Stuttgart 1956

Weißkunig. Nach Dictaten und eigenhändigen Aufzeichnungen Kaiser Maximilians I. zusammengestellt von Marx Treitzsaurwein von Ehrentreitz. Hrsg. v. Alwin Schultz. In: Jahrbuch der Kunsthistorischen Sammlungen des Allerhöchsten Kaiserhauses VI. Wien 1888

Forschungsliteratur:

Bellot, Josef: „Konrad Peutinger und die literarisch-künstlerischen Unternehmungen Kaiser Maximilians". In: *Philobiblon* 11 (1967), S. 171–190

Bixner, Margarete: *Die deutschsprachige Dichtung am Hofe Friedrichs III. und Maximilians I.* Diss. phil. masch. Wien 1950

Brunken, Otto: „Augsburger Kinder- und Jugendbücher bis zur Mitte des 19. Jahrhunderts". In: *Augsburger Buchdruck und Verlagswesen von den Anfängen bis zur Gegenwart.* Hrsg. v. Helmut Gier und Johannes Janota. Wiesbaden 1997, S. 447–468

Bürger, Otto: *Beiträge zur Kenntnis des Theuerdank.* Straßburg 1902

Cremer, Folkhard: *„Kindlichait, Jugenlichait, Mandlichait, Tewrlichait": eine Untersuchung zur Text-Bild-Redaktion des Autobiographieprojektes Kaiser Maximilians I. und zur Einordnung der Erziehungsgeschichte des „Weisskunig",* Egelsbach/ Frankfurt am Main/ St. Peter Port 1995 (= Deutsche Hochschulschriften 1076)

Diederichs, Peter: *Kaiser Maximilian als politischer Publizist.* Jena 1932

Ebermann, Richard: *Die Türkenfurcht. Ein Beitrag zur Geschichte der öffentlichen Meinung in Deutschland während der Reformationszeit.* Diss. phil. Halle 1904

Egg, Erich: *Die Hofkirche in Innsbruck,* Wien/München 1974

Eisermann, Falk: *Buchdruck und politische Kommunikation. Ein neuer Fund zur frühen Publizistik Maximilians I.".* In: *Gutenberg-Jahrbuch* 2002, S. 76–83

Fichtenau, Heinrich: *Die Lehrbücher Maximilians I. und die Anfänge der Frakturschrift.* Hamburg 1961

Füssel, Stephan: „Kaiserliche Repräsentation beim ‚Wiener Kongreß' 1515 im Spiegel der zeitgenössischen Darstellungen". In: *Europäische Hofkultur im 16. und 17. Jahrhundert.* Hrsg. v. August Buck, Georg Kauffmann, Blake Lee Spahr, Conrad Wiedemann. Bd. II. Hamburg 1981, S. 359–368. (= Wolfenbütteler Arbeiten zur Barockforschung, Bd. 10)

Füssel, Stephan: „Dichtung und Politik um 1500. Das ‚Haus Österreich' in Selbstdarstellung, Volkslied und panegyrischen Carmina". In: *Die österreichische Literatur. Ihr Profil von den Anfängen im Mittelalter bis ins 18. Jahrhundert (1050–1750).* U.M. v. Fritz Peter Knapp, hrsg. v. Herbert Zeman. Teil 2. Graz 1986, S. 803–831

Füssel, Stephan: *Riccardus Bartholinus Perusinus. Humanistische Panegyrik am Hofe Maximilians I.* (= Saecvla Spiritvalia 16). Baden-Baden 1985. [Grundlage für Kap. 4]

Füssel, Stephan: „Die Weltchronik – eine Nürnberger Gemeinschaftsleistung". In: *Pirckheimer-Jahrbuch 1994.* Band 9: *500 Jahre Schedelsche Weltchronik.* Hrsg. v. Stephan Füssel. Nürnberg 1994. S. 7–30

Geldner, Ferdinand: „Der Bücherfreund auf dem Kaiserthron". In: *Aus dem Antiquariat. Beilage zum Börsenblatt für den deutschen Buchhandel.* Frankfurter Ausgabe, 15. Jg. Nr. 23 vom 20.3.1959, S. 69–71

Geldner, Ferdinand: *Die deutschen Inkunabeldrucker: Ein Handbuch der deutschen Buchdrucker des XV. Jahrhunderts nach Druckorten.* Erster Band. Das deutsche Sprachgebiet. Stuttgart 1968

Gerthartl, Gertrud: *Wiener Neustadt. Geschichte, Kunst, Kultur, Wirtschaft.* Wien 1993

Giehlow, Karl: „Urkundenexegese zur Ehrenpforte Maximilians I". In: *Beiträge zur Kunstgeschichte. Franz Wickhoff gewidmet.* Wien 1903, S. 97–110

Giehlow, Karl: „Die Hieroglyphenkunde des Humanismus in der Allegorie der Renaissance, besonders der Ehrenpforte Kaiser Maximilians I." In: *Jahrbuch der Kunsthistorischen Sammlungen des Allerhöchsten Kaiserhauses 32.* Wien 1915, S. 1–229.

Göllner, Carl: *Turcica. III. Bd.: Die Türkenfrage in der öffentlichen Meinung Europas im 16. Jahrhundert.* Bukarest/Baden-Baden 1978 (= Bibl. Bibliographica Aureliana LXX)

Guthmüller, Bodo/Kühlmann, Wilhelm (Hrsg.): *Europa und die Türken in der Renaissance.* Tübingen 2000

Haupt, Karl: „Die Renaissance-Hieroglyphik in Kaiser Maximilians Ehrenpforte". In: *Philobiblon* 12 (1968), S. 253–267

Hispania Austria. Die katholischen Könige, Maximilian I. und die Anfänge der Casa de Austria in Spanien, Kunst um 1492 (3. Juli – 20. September 1992), Schloss Ambras, Kunsthistorisches Museum/Ausstellungskatalog. Hrsg. von Lukas Madersbacher. Mailand 1992

Hönig, Edeltraut: *Kaiser Maximilian als politischer Publizist.* Diss. phil. masch. Graz 1970

Isenmann, Eberhard: „Politik und Öffentlichkeit im Zeitalter Friedrichs III. und Maximilians I." In: *Europäische Hofkultur im 16. und 17. Jahrhundert.* Hrsg. v. August Buck, Georg Kauffmann, Blake Lee Spahr, Conrad Wiedemann. Bd. III. Hamburg 1981, S. 583–587 (=Wolfenbütteler Arbeiten zur Barockforschung, Bd. 10)

Kaulbach, Hans-Martin: *Neues vom „Weisskunig". Geschichte und Selbstdarstellung Kaiser Maximilians I. in Holzschnitten.* Information zur Ausstellung in der Graphischen Sammlung der Staatsgalerie Stuttgart vom 19. Februar–1. Mai 1994, Stuttgart 1994

Kaulbach, Hans-Martin: „Neues vom *Weisskunig*: Zwei Holzschnitte mit neuen Aspekten zum Buchprojekt Kaiser Maximilians I." In: *Philobiblon.* Jahrgang 38. Heft 2. Juni 1994. Stuttgart 1994, S. 148–152

Kohler, Alfred [Hrsg.]: *Tiroler Ausstellungsstrassen: Maximilian I.* Mailand 1996

Künast, Hans-Jörg: „Die Augsburger Frühdrucker und ihre Textauswahl. Oder: Machten die Drucker die Schreiber arbeitslos?" In: *Literarisches Leben in Augsburg während des 15. Jahrhunderts.* Hrsg. v. Johannes Janota und Werner Williams-Krapp. Tübingen 1995, S. 47–57

Künast, Hans-Jörg: *„Getruckt zu Augsspurg": Buchdruck und Buchhandel in Augsburg zwischen 1468 und 1555.* Tübingen 1997

Künast, Hans-Jörg: „Johann Schönsperger d. Ä. – der Verleger der Augsburger ‚Taschenausgabe' der Schedelschen Weltchronik." In: *Pirckheimer-Jahrbuch 1994.* Band 9: *500 Jahre Schedelsche Weltchronik.* Hrsg. v. Stephan Füssel. Nürnberg 1994, S. 99–110

Maximilian I. 1459–1519. Ausstellungskatalog. Wien 1959

Maximilian I.: Innsbruck. Ausstellungskatalog. Hrsg. v. Land Tirol 1969

McDonald, William/Ulrich Goebel: *German medieval literary patronage from Charlemagne to Maximilian I.* Amsterdam 1973 (= Amsterdamer Publikationen zur Sprache und Literatur 10)

Mertens, Dieter: „Maximilian I. und das Elsaß". In: *Die Humanisten in ihrer politischen und sozialen Umwelt.* Hrsg. v. Otto Herding u. Robert Stupperich. Boppard 1976, S. 177–210

Metzger, Christof: *Hans Schäufelein als Maler.* Berlin 2002

Misch, Georg: „Die Stilisierung des eigenen Lebens in dem Ruhmeswerk Kaiser Maxmilians, des letzten Ritters". In: *Nachrichten von der Gesellschaft der Wissenschaften zu Göttingen.* 1930. Phil.-Hist. Klasse. S. 435–459

Moser, Hans: *Die Kanzlei Maximilians I. Graphematik eines Schreibusus.* Innsbruck 1977

Müller, Jan-Dirk: *Gedechtnus. Literatur und Hofgesellschaft um Maximilian I.* München 1982 (= Forschungen zur Geschichte der älteren deutschen Literatur 2)

Oberhammer, Vinzenz: *Die Bronzestandbilder des Maximilian-Grabmales in der Hofkirche zu Innsbruck.* Innsbruck 1935

Oettinger, Karl: „Die Grabmalkonzeption Kaiser Maximilians". In: *Zeitschrift des deutschen Vereins für Kunstwissenschaft,* Bd. 19, 1965, S. 170–184

Oettinger, Karl: *Die Bildhauer Maximilians am Innsbrucker Kaisergrabmal.* Nürnberg 1966 (= Erlanger Beiträge zur Sprach- und Kunstwissenschaft, Bd. 23)

Ott, Norbert: „Leitmedium Holzschnitt: Tendenzen und Entwicklungslinien der Druckillustration in Mittelalter und früher Neuzeit". In: *Die Buchkultur im 15. und 16. Jahrhundert. 2. Halbbd.* Hamburg: Maximilian-Gesellschaft 1995, S. 163–252

Pelgen, Stephan: „Das Verhältnis der Augsburger Nachdrucke zur Nürnberger Schedel-Chronik". In: *Pirckheimer-Jahrbuch 1994. Band 9: 500 Jahre Schedelsche Weltchronik.* Hrsg. v. Stephan Füssel. Nürnberg 1994, S. 111–132

Pesendorfer, Franz: *Der „Weißkunig" Kaiser Maximilians I.* Diss. phil. masch. Wien 1931

Plösch, Josef: „Der St. Georgsritterorden und Maximilians I. Türkenpläne von 1493/94". In: *Festschrift Karl Eder zum 70. Geburtstag.* Hrsg. v. Helmut Mezler-Andelberg. Innsbruck 1959, S. 33–56

Presser, Helmut: „Abdruck einer Type von 1482". In: *Gutenberg-Jahrbuch 1960.* Hrsg. v. Aloys Ruppel. Mainz 1960. S. 118–121

Riedl, Kurt: *Der Quellenwert des „Weißkunig" als Geschichtsquelle. Untersucht nach 3. Teil 1499–1514.* Diss. phil. masch. Graz 1969

Rudolf, Karl: „Das gemäl ist also recht. Die Zeichnungen zum Weisskunig Maximilians I. des Vaticanus Latinus 8570". In: *Römische historische Mitteilungen 22* (1980), S. 167–209

Rudolf, Karl: „Illustrationen und Historiographie bei Maximilian I.: Der Weisse Kunig" In: *Römische historische Mitteilungen 25* (1983), S. 35–109

Schauerte, Thomas Ulrich: *Die Ehrenpforte für Kaiser Maximilian I. Dürer und Altdorfer im Dienst des Herrschers.* München/Berlin 2001

Schauerte, Thomas Ulrich: *Albrecht Dürer. Das große Glück.* Katalog. Osnabrück 2003

Scheicher, Elisabeth: „Das Grabmal Kaiser Maximilians I. in der Innsbrucker Hofkirche". In: *Die Kunstdenkmäler der Stadt Innsbruck, die Hofbauten. Österreichische unsttopographie,* Band XLVII, Wien 1986, S. 359–425

Schmid, Franziska: *Eine neue Fassung der maximilianischen Selbstbiographie.* Diss. phil. masch. Wien 1950

Schmid, Karl: „Andacht und Stift. Zur Grabmalplanung Kaiser Maximilians I." In: *Memoria. Der geschichtliche Zeugniswert des liturgischen Gedenkens im Mittelalter.* Hrsg. v. Karl Schmid u. Joachim Wollasch. München 1984, S. 750–784

Schmid, Wolfgang: *Dürer als Unternehmer. Kunst, Humanismus und Ökonomie in Nürnberg um 1500.* Trier 2003 (=Beiträge zur Landes- und Kulturgeschichte 1)

Schmidt-von Rhein, Georg: *Kaiser Maximilian I. Bewahrer und Reformer.* Katalog zur Ausstellung im Reichskammergerichtsmuseum Wetzlar. Ramstein 2002

Schmidt, Rudolf: *Deutsche Buchhändler, deutsche Buchdrucker: Beiträge zu einer Firmengeschichte des deutschen Buchgewerbes.* Nachdruck der Ausgabe Berlin und Eberswalde 1902–1908. Hildesheim/New York 1979

Schmitt, Anneliese: „Tradition und Innovation von Literaturgattungen und Buchformen in der Frühdruckzeit". In: *Die Buchkultur im 15. und 16. Jahrhundert. Zweiter Halbband.* Hamburg: Maximilian-Gesellschaft, 1995, S. 9–120

Scholz-Williams, Gerhild: „The literary world of Maximilian I. An annotated Bibliography." In: *Sixteenth Century Bibliography 21.* St. Louis 1982

„Schönsperger, Hans in Augsburg". In: *Große Drucker von Gutenberg bis Bodoni.* Mainz 1953, S. 28

Schweiger, Wolfgang: *Der Wert des „Weißkunig" als Geschichtsquelle. Untersucht nach dem 3. Teil 1477–1498.* Diss. phil. masch., Graz 1968

Steinmann, Martin: „Von der Handschrift zur Druckschrift der Renaissance". In: *Die Buchkultur im 15. und 16. Jahrhundert. Erster Halbband.* Hamburg: Maximilian-Gesellschaft, 1995, S. 203–264

Strohschneider, Peter: *Ritterromantische Versepik im ausgehenden Mittelalter.* Frankfurt a. M. 1986

Wagner, Georg: „Maxmilian I. und die politische Propaganda". In: *Maximilian I. Ausstellungskatalog* Innsbruck 1969, S. 33–46

Wehmer, Carl: „Mit gemäl und schrift. Kaiser Maximilian I. und der Buchdruck". In: *In libro humanitas.* Festschrift für W. Hoffmann. Stuttgart 1962, S. 244–275

Wehmer, Carl: *Deutsche Buchdrucker des fünfzehnten Jahrhunderts.* Wiesbaden 1971

Wehmer, Carl: „Hans Schönsperger, der Drucker Kaiser Maximilians". In: *Altmeister der Druckschrift.* Frankfurt a. M. 1940, S. 61–79

Wiener Neustadt (Hrsg.): *Der Aufstieg eines Kaisers: Maximilian I. Von seiner Geburt bis zur Alleinherrschaft 1459–1493.* Katalog. Wiener Neustadt 2002

Wierschin, Martin: „Das Ambraser Heldenbuch Maximilians I." In: *Der Schlern 50* (1976), S. 429–441, 493–507, 557–570

Wiesflecker, Hermann: „Joseph Grünpecks Redaktion der lateinischen Autobiographie Maximilians I." *Mitteilung des Instituts für österreichische Geschichtsforschung 78* (1970), S. 416–431

Wiesflecker, Hermann: *Kaiser Maximilian I. Das Reich, Österreich und Europa an der Wende zur Neuzeit,* Bd. 1–5, München 1971–1986

Wright, Edith A.: "The Theuerdank of Emperor Maximilian." In: *The Boston Public Library Quarterly.* Bd. 10. Nr. 3, S. 131–140

Fotonachweis
FOTO Bildarchiv, Österreichische Nationalbibliothek, Wien: S. 2, 10 (3), 14, 25, 32, 49, 50, 52
Kunsthistorisches Museum, Wien: S. 4, 6, 9, 13, 31, 35 l., 37, 38
Staatsgalerie Stuttgart, Graphische Sammlung: S. 11
Graphische Sammlung Albertina, Wien: S. 16/17, 21, 30 u., 39 l.
Herzog Anton Ulrich-Museum, Braunschweig, Kunstmuseum des Landes Niedersachsen: S. 18
Bayerische Staatsbibliothek, München: S. 23
Bayerisches Nationalmuseum, München: S. 26
Niedersächsische Staats- und Universitätsbibliothek Göttingen: S. 27
Herzog August Bibliothek, Wolfenbüttel: S. 29
akg-images, Berlin: S. 30 o. (Erich Lessing), 46 l.
Oppenbare Bibliotheek, Brügge: S. 34 r., 39 r.
Germanisches Nationalmuseum, Nürnberg: S. 41, 53 r.
Bildarchiv Preußischer Kulturbesitz, Berlin: S. 46 r., 47

Der vorliegende Nachdruck des „Theuerdank" von 1517 erfolgte auf Grundlage des Exemplars der Bayerischen Staatsbibliothek München (Sign. Rar. 325a) und wurde dank der freundlichen Genehmigung des Direktors der Bibliothek, Dr. Hermann Leskien, ermöglicht. Der Verlag dankt dem Leiter der Abteilung Handschriften und Seltene Drucke der BSB, Dr. Ulrich Montag, sowie Dr. Thomas Jahn vom Referat für Seltene und kostbare Drucke für die tatkräftige Unterstützung der Publikation.

Umschlagvorderseite:
Holzschnitt zu Kapitel 98 des „Theuerdank"
Umschlagrückseite:
Holzschnitt zu Kapitel 102 des „Theuerdank"

© 2003 TASCHEN GmbH
Hohenzollernring 53, D-50672 Köln
www.taschen.com

© 2003 für die Reproduktionen: Bayerische Staatsbibliothek, München

Projektleitung: Petra Lamers-Schütze, Köln
Koordination und Redaktion: Juliane Steinbrecher, Köln
Design: Catinka Keul, Köln
Umschlaggestaltung: Angelika Taschen, Köln
Produktion: Stefan Klatte, Köln

Printed in Spain
ISBN 3-8228-2189-6